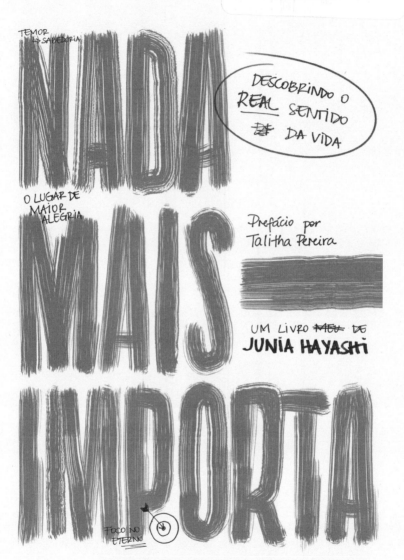

ESTE LIVRO NÃO FARÁ VOCÊ PARAR DE SE IMPORTAR COM TUDO, MAS FARÁ VOCÊ SE IMPORTAR TANTO COM ALGO QUE NADA MAIS IMPORTARÁ.

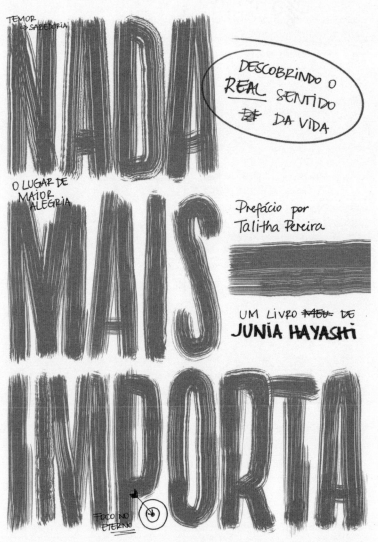

ESTE LIVRO NÃO FARÁ VOCÊ PARAR DE SE IMPORTAR COM TUDO, MAS FARÁ VOCÊ SE IMPORTAR TANTO COM ALGO QUE NADA MAIS IMPORTARÁ.

Editora Quatro Ventos
Avenida Pirajussara, 5171
(11) 99232-4832

Diretor executivo: Raphael T. L. Koga
Editora-chefe: Sarah Lucchini
Equipe editorial:
Victor Missias
Paula de Luna
Gabriela Vicente
Revisão: Eliane Viza B. Barreto
Diagramação: Vivian de Luna
Capa: Vinícius Lira

Todos os direitos deste livro são reservados pela Editora Quatro Ventos.

Proibida a reprodução por quaisquer meios, salvo em breves citações, com indicação da fonte.

Todas as citações bíblicas e de terceiros foram adaptadas segundo o Acordo Ortográfico da Língua Portuguesa, assinado em 1990, em vigor desde janeiro de 2009.

Todo o conteúdo aqui publicado é de inteira responsabilidade do autor.

Todas as citações bíblicas foram extraídas da Almeida Revista e Atualizada, salvo indicação em contrário.

Citações extraídas do site https://www.biblia online.com.br/ara. Acesso em julho de 2019.

1ª Edição: outubro 2019
5ª Reimpressão: novembro 2024

Ficha catalográfica elaborada por Geyse Maria Almeida Costa de Carvalho
CRB 11/973

H142n Hayashi, Junia

Nada mais importa: vivendo a vontade de Deus custe o que custar / Junia Hayashi. - São Paulo: Quatro ventos, 2019.
184 p.

ISBN: 978-85-54167-22-6

1. Religião. 2. Cristianismo. 3. Desenvolvimento espiritual. I. Título.

CDD 207
CDU 27

SUMÁRIO

INTRODUÇÃO   **13**

1 RENDA-SE POR COMPLETO   **19**

2 CONHECENDO A DEUS PARA CONHECER SUA VONTADE   **41**

3 OS EFEITOS DA RENDIÇÃO NO CORPO, NA ALMA E NO ESPÍRITO   **55**

4 VIVENDO PLENAMENTE   **67**

5 A GRAÇA REMOVE NOSSAS DESCULPAS   **87**

6 A FRUTIFICAÇÃO EM NÓS E ATRAVÉS DE NÓS   **105**

7 OBEDIÊNCIA RADICAL, FRUTOS SOBRENATURAIS   **123**

8 TEMOR, SABEDORIA E DISCERNIMENTO DE TEMPOS PARA DEIXAR UMA MARCA ETERNA   **143**

9 VAI   **163**

DEDICATÓRIA

Dedico este meu primeiro livro aos meus dois filhos, Zach e Koa. Que vocês possam viver a vida de uma forma rendida e entregue a Deus, sempre escolhendo obedecê-lO, sempre escolhendo amá-lO.

Desejo que este livro e que a minha vida possam ser exemplos para vocês seguirem a Jesus todos os dias de suas vidas. Oro para que descubram o amor perfeito do Senhor e vivam na revelação de que "nada mais importa", a não ser Ele.

Encerro esta dedicatória com a oração que faço todas as noites por vocês:

"Que Deus lhes guarde e guie todos os dias de suas vidas. Que vocês sempre ouçam a Sua voz e sempre sigam os Seus caminhos. Que vocês O amem mais do que tudo e todos. Que vocês sejam guiados pelo Espírito Santo e pelo temor do Senhor, e nunca pelo temor de homens. Que vocês tenham sabedoria além de seus anos e paz que excede todo entendimento. Que vocês amem verdadeiramente e deem generosa e livremente. Que vocês tenham uma vida abençoada e frutífera. Em nome de Jesus eu oro. Amém".

Com amor,
Mamãe.

AGRADECIMENTOS

Em primeiro lugar, gostaria de agradecer a Deus pela oportunidade de poder falar d'Ele! Não há honra maior do que esta. Gostaria de agradecer ao meu marido, Teófilo, que sempre acreditou em mim e me impulsiona até hoje a viver tudo o que Deus tem para minha vida.

Obrigada a todos da Editora Quatro Ventos que trabalharam tão duro quanto eu, ou até mais, para que este livro pudesse se tornar realidade. Em especial, gostaria de agradecer ao Victor Missias que fez minhas palavras ficarem muito mais bonitas, e ao Renan, que acreditou em mim e me incentivou desde a primeira vez em que falamos de escrever um livro.

Um grande agradecimento mais que especial a todos os que me ajudaram cuidando dos meus filhos, Zach e Koa, para que eu conseguisse escrever. Agradeço à minha mãe, Ellen, ao meu pai, Rômulo e à minha sogra, Sarah, que se desdobraram tanto para me ajudar com as crianças.

Gostaria de agradecer, também, a todos que me apoiaram e mandaram mensagens de encorajamento através das mídias sociais, que estiveram comigo acreditando neste livro e acompanhando todo o processo.

Obrigada a cada um que, ao longo dos anos, de alguma forma, acreditou no meu chamado e me impulsionou para vivê-lo. Que eu possa fazer o mesmo por vocês!

PREFÁCIO

A verdade é que Deus não te ama muito. Ele te ama "tudo". Com todo o Seu ser e tudo que tem. Ele não entregou muito, mas sim tudo por você. O problema é que queremos oferecer muito a Deus quando Ele está pedindo tudo de nós. E é justamente isso, nem mais, nem menos, que devemos dar a Ele. Mas como entregar tudo Àquele que nos amou primeiro? Neste livro, você encontrará essa resposta, que mudará por completo sua vida.

Quando chegarmos ao ponto de não só dizermos, mas também vivermos como se nada mais importasse, senão Jesus, estaremos no caminho certo para o nosso destino. Não é só a linha de chegada que conta, mas a jornada. Você não precisa ficar se arrastando pelo caminho, se souber como andar corretamente. Por isso, esta leitura é essencial!

Em meio ao bombardeio de informações e cobranças que experimentamos neste século, a maneira como vivemos diz muito sobre o que realmente importa para nós. Seu estilo de vida exalta o seu Criador? Lembre que suas escolhas gritam quem é o verdadeiro dono do seu coração. O problema não está na correria externa, mas na inversão interna de prioridades. A rotina, muitas vezes, nos sufoca, e se você se sente encurralado pela vida, aqui encontrará a saída perfeita!

A Junia é um exemplo de que a vida pode ser totalmente voltada para Jesus sem perder a praticidade necessária no dia a dia. Ela é autêntica, íntegra, leve e livre, além de esposa, mãe e pastora exemplar! Sou grata a Deus pelo dom e pela sabedoria que foram dados à minha amiga. Não quero só apresentar a mensagem, mas também a mensageira. Ela é uma voz para o Brasil e para as nações, e tem as credenciais certas para anunciar a verdade desta obra.

Minha oração é que este livro não seja apenas inspirador, porque isso, com certeza, será, mas especialmente transformador. Seu caráter e estilo de vida serão profundamente forjados, se você escolher seguir os ensinamentos preciosos que aqui estão.

Esta leitura irá te levar a um novo nível de conhecimento, mas a verdadeira revelação só será recebida se você se comprometer a vivê-la na prática. Portanto, simplesmente viva a mensagem deste livro e descubra que nada mais importa!

TALITHA PEREIRA
Pastora da Igreja do Amor e autora
do livro *Deixe-me apresentar você*

INTRODUÇÃO

COMO VIVER O MELHOR DE
DEUS PARA NÓS

> Disse-lhes Jesus: A minha comida consiste em fazer a vontade daquele que me enviou e realizar a sua obra. (João 4.34)

Você já teve a sensação de estar sendo engolido pela vida? Ou então a impressão de que ela está de pernas para o ar e você não sabe nem por onde começar para colocar ordem nas coisas? Pois bem, eu já passei por isso. Parece que, em vez de estarmos na direção da nossa própria vida, ela está simplesmente acontecendo para nós, e nos sentimos um tanto quanto impotentes para tomar de volta as rédeas.

Além disso, muitas vezes, nos encontramos numa loucura tão intensa no dia a dia que parecemos não estar vivendo o que, de fato, nascemos para viver. E quando percebemos que não estamos dando conta ou caminhando da maneira como gostaríamos, acabamos ficando frustrados, perdidos e sem forças para fazer algo que vá, realmente, dar uma guinada em nossa história. Ou, ainda, nos deparamos com uma realidade diferente do que achávamos que seria a nossa caminhada com Deus e nos encontramos aquém daquilo que Ele tem para nós. Não entendemos o porquê de, ao olharmos para trás, para o início da nossa jornada com Ele, as coisas parecerem tão mais interessantes, vivas e empolgantes, e agora estarem, talvez, sem brilho ou sem propósito claro.

Mas eu estou aqui para falar para você que é possível sim tomarmos de volta a direção das nossas vidas e sermos atuantes em nossa própria história. Podemos ditar o ritmo que ela deve ter, escolher onde desejamos chegar e ganhar novamente aquele brilho nos olhos e gana de viver. E se eu disser que, basicamente, o que precisamos é buscar conhecer a Deus e a Sua vontade, e escolher habitar no centro dela todos os dias da nossa vida? E se o estado de maior alegria e satisfação que pudermos atingir for realizando exatamente aquilo que Ele tem para nós? E se viver no centro da vontade de Deus for justamente aquilo que trará alegria para a nossa alma, sorriso para o nosso rosto, plenitude para os nossos dias e vigor para o nosso espírito?

O próprio Jesus já nos falava que o nosso alimento é fazer a vontade de Deus e realizar a Sua obra (João 4.34). Isso quer dizer que quanto mais honramos o desejo do Pai mais alimentados ficamos e mais força temos para cumprir o nosso propósito divino na Terra.

E aí? Você está disposto a viver no centro da vontade de Deus, não importa qual seja o custo, e, assim, experimentar a fartura de alegria e delícias perpétuas que existem em Sua presença (Salmos 16.11)? Está preparado para ter o Criador dos Céus e da Terra, e de tudo que neles há, guiando, ensinando e direcionando você todos os dias?

Não existe nada melhor do que habitar no centro da perfeita vontade divina e, desta forma, sucessivamente provar e ver que Deus é bom. Somos bem-aventurados porque n'Ele confiamos e nos refugiamos, e, por temermos ao Senhor, nada nos falta (Salmos 34.8-9). Não há nada que supere o fato de sabermos que somos amados por nosso Pai celestial e de podermos ouvir d'Ele diariamente: "Este é meu filho amado em quem Eu tenho prazer". E é a partir dessa revelação que somos movidos, por amor, a transparecer a Sua glória em tudo o que fizermos, a honrá-lO o tempo inteiro, a viver de forma naturalmente sobrenatural, a estabelecer o Seu Reino na Terra, a agradar o coração de Deus, que primeiro nos amou, e a ouvir e obedecer prontamente a Sua voz.

Quando recebemos o amor de Deus, ele transborda em nós e, assim, somos capazes de responder a esse tão grande amor. E a forma como fazemos isso é trabalhando para que a oração do Pai Nosso aconteça de fato e que Sua vontade seja feita na Terra, assim como ela é feita no Céu. É importante frisar que não fazemos nada para ser algo, mas por sermos filhos e filhas incondicionalmente amados, é impossível não fazermos o que o nosso Pai quer. A nossa fé em Cristo Jesus nos move a realizarmos as Suas obras.

Se você é essa pessoa que não está satisfeita simplesmente em ter seu lugar garantido no Céu, que anseia viver tudo o que o Senhor tem para você, e que deseja ir além com Deus e em Deus, venha comigo nesta jornada para descobrirmos como viver o melhor d'Ele para nossas vidas. Nosso Cristo foi radical e Se entregou por inteiro. Ele não mediu esforços ou sacrifícios, então, por que nós iríamos? Ele já nos deu tudo, por isso, só o que nos cabe é viver completamente para Jesus.

Quando estamos dispostos a perder a nossa vida por amor a Cristo e Seu Evangelho, é aí que, de fato, a encontramos (Mateus 16.25 e Marcos 8.35). E no momento em que nos entregamos totalmente a Ele, nossa história começa a contar a Seu respeito, porque já não somos nós que vivemos, mas Cristo é Quem vive em nós (Gálatas 2.20).

Agora pergunto: você quer fazer história com Deus? Quer deixar uma marca eterna neste mundo e em todas as pessoas com quem se deparar? Deseja agradar o coração do Pai fazendo a Sua vontade e estabelecendo o Seu Reino até que o Messias volte? Você está disposto? A qualquer custo, sem mais desculpas? Então vamos juntos! Chega de sermos espectadores de nossas próprias vidas. Vamos ser intencionais e radicais, com uma entrega implacável e fazendo valer cada gota de sangue derramada na cruz. Vamos juntos, como Igreja de Cristo, responder ao Seu sacrifício com a rendição total e absoluta das nossas vidas. Vamos viver no centro da vontade de Deus, custe o que custar, porque nada mais importa!

CAPÍTULO 1

RENDA-SE POR COMPLETO

Logo, já não sou eu quem vive, mas Cristo vive em mim; e esse viver que, agora, tenho na carne, vivo pela fé no Filho de Deus, que me amou e a si mesmo se entregou por mim. (Gálatas 2.20)

Eu nasci numa família cristã, mas posso dizer que realmente me converti aos 22 anos de idade. Eu me lembro claramente, como se fosse hoje, do dia em que minha vida inteira mudou. Era 18 de abril de 2010, eu estava sentada na última cadeira da última fileira, do último bloco de fileiras, à esquerda do palco da igreja que meus pais frequentavam. Estava vindo de uma semana muito estranha, em que nada mais fazia sentido na minha vida. Tudo continuava igual e, olhando de fora, parecia estar perfeito. Faculdade boa, amigos legais, trabalho e vida financeira tranquilos. Mas, dentro de mim, o mundo estava desmoronando. Acredito que, mesmo sem ter consciência, tenha decidido ir à igreja naquele dia como um grito de socorro.

A verdade é que não me lembro de nada do culto nem de quem estava lá, a não ser de uma amiga que se sentou ao meu lado. Confesso também que estava totalmente deslocada e desconectada de tudo à minha volta. Mas vejo que o Espírito Santo tomou tudo isso como uma oportunidade e encontrou em mim uma pequena brecha para me inspirar a falar com Ele e fazer uma breve oração, sem ter entendimento algum do que significava ou do desdobramento que ela teria em minha vida. Então, com tudo o que tinha, que não era muito, eu orei: "Deus, se Você existe mesmo, faça alguma coisa, porque eu já não sei mais o que fazer". E essa foi a forma como entreguei a minha vida a Deus – claro que depois, com maior entendimento, crendo em meu coração que Ele havia ressuscitado Jesus dos mortos, confessei-O, com minha boca, como meu Senhor e Salvador (Romanos 10.9).

O curioso é que, naquele momento, aparentemente nada aconteceu. Isso mesmo. Supostamente tudo permaneceu igual, eu continuei me sentindo desconectada, fora do lugar e sem esperança. Mas, na realidade, eu é que não tinha olhos para ver o que havia começado a acontecer no mundo espiritual a partir dali. Isso, porque aquela foi uma oração simples, perdida, nada eloquente, e muito menos "espiritual", mas que mudou a minha vida para sempre. E a razão disso é que, apesar de ter sido eu a falar aquelas palavras, quem operou tudo em mim foi Ele. Nossas orações dão legalidade para a invasão do Céu na Terra, e isso quer dizer que o pedido sincero que fiz naquele dia, na verdade, tornou legal a ação do Espírito Santo de Deus em mim.

Voltei para casa tarde naquela noite, e, logo que cheguei no meu quarto, pude notar que algo havia acontecido. Existia uma presença estranha, uma presença ruim. Lembro-me de entrar no ambiente e sentir um medo profundo e intenso. Além disso, percebi o ar denso e pesado. Algo no mundo espiritual estava acontecendo e uma batalha tinha se iniciado. Eu sinceramente não sabia o que era tudo aquilo, mas hoje vejo que o inferno não queria abrir mão da minha vida da mesma forma que o Céu nunca iria desistir de mim. Enquanto sentia aquela presença tenebrosa, a única coisa que pensava em fazer era abrir a Bíblia e lê-la em voz alta. No entanto, algo que você precisa saber é que, dois anos antes desse episódio, eu havia me convencido de que Deus não existia. Por outro lado, vale lembrar que, se existe o mal, é porque ele se opõe ao bem. E, naquele momento, era inegável a presença de algo maligno. Consequentemente, tornou-se também inquestionável a existência de algo divino. Portanto, mesmo que minha mente humana estivesse tentando provar o contrário, meu espírito sabia que existia um Deus eterno e, na hora em que eu precisava, Ele estava ouvindo e atendendo ao meu chamado. Assim, se iniciou a minha rendição ao Senhor.

Naquela noite, as escamas dos meus olhos começaram a cair e eu pude perceber o Senhor. Entendi que Ele nunca tinha desistido de mim, mesmo quando eu desistira d'Ele. Comecei a compreender o poder palpável da Bíblia, a Palavra de Deus. Ali, deparei-me com a realidade do mundo espiritual e com a verdade de Jesus Cristo. A batalha de uma noite se transformou em semanas, até que aquele espírito de medo saísse de vez do meu quarto. Porém, esses dias foram de extrema importância para o meu caminhar com Deus. Nesse curto tempo, pude entender, de fato, que nossa luta não é contra carne nem sangue, mas contra principados e potestades. Dessa maneira, o Senhor foi forjando em mim bases que estão firmes até hoje e, aos poucos, me ensinou que Ele era o meu tudo, a minha resposta, o meu porto seguro, e que eu poderia confiar a minha vida totalmente a Ele. Em Deus, descobri minha total segurança, pois não existe alguém melhor, nem amor maior, do que o d'Aquele que por nós Se entregou: Jesus Cristo. E, por tudo isso, a resposta que eu desejava dar ao Senhor era viver integralmente para Ele, rendendo-me por completo, todos os meus dias.

CONHECENDO O SUBLIME AMOR DE DEUS

Nós nascemos para ser amados por Ele e para amá-lO, e isso se manifesta em ações de entrega, obediência, rendição e sacrifício vivo, santo e agradável a Deus. Dentro disso, creio que o primeiro passo para nos rendermos a Ele seja através do entendimento do Seu amor para conosco, pois só conseguimos nos entregar completamente por Alguém que nos ama de maneira incondicional e já fez o maior dos sacrifícios por nós: a morte na cruz.

Deste modo, ao recebermos o amor perfeito do Senhor, somos compelidos a amá-lO de volta com todo nosso ser e com tudo o que somos, guardando Seus mandamentos. E fazemos isso quando conhecemos e abraçamos Seus estatutos, ouvimos a Sua voz, entendemos e seguimos a Sua direção. Ou seja, é impossível afirmarmos que amamos ao Senhor se não Lhe obedecemos, pois todo verdadeiro amor deve ser expresso em ações condizentes. A Palavra nos ensina que não existe amor maior do que entregar a sua vida por um amigo, um irmão (João 15.13 e 1 João 3.16). Além disso, 1 Coríntios 13 nos mostra que todas as características do amor são ativas:

> O amor é sofredor, é benigno; o amor não é invejoso; o amor não se vangloria, não se ensoberbece, não se porta inconvenientemente, não busca os seus próprios interesses, não se irrita, não suspeita mal; não se regozija com a injustiça, mas se regozija com a verdade; tudo sofre, tudo crê, tudo espera, tudo suporta. (1 Coríntios 13.4-7 – Almeida Revisada Imprensa Bíblica)

Sendo o amor sofredor, ou paciente, como escrito em outras versões, ele aguenta muito e não explode em impaciência, mas estende graça, entende e espera. Ele também é benigno, que nada mais é do que a bondade em ação – não somente é bom, mas expressa essa qualidade em fazer o bem. O amor não procura seus próprios interesses, mas cuida das necessidades do outro. Amar significa se doar por outrem, assim como Deus Pai nos amou a ponto de entregar Seu Filho; e

Este, a ponto de suportar a morte, e morte de cruz. Dessa forma, também nós devemos amar a Deus, nos entregando por Ele e rendendo nossas vidas aos Seus pés, a fim de que, por meio de nossas vidas, todos saibam que Ele é Deus, e possam ser alcançados por Sua salvação.

Contudo concluímos que o amor não se resume, de maneira alguma, a um sentimento agradável e afável. É uma escolha, uma entrega. Ele é ativo, e não passivo, é agressivo e violento. E o interessante é que a Bíblia nos diz, em Mateus 11.12, que o Reino de Deus pertence aos violentos e estes o conquistam com força. Ou seja, nosso ato de amar de forma forte, veemente e até agressiva demonstra o jeito como devemos também buscar fazer as coisas do Senhor. O modo de vivermos o Reino e conquistá-lo é com esse amor enérgico, vigoroso e poderoso.

Eu me lembro quando meu primeiro filho, Zach, nasceu. Tivemos uma gravidez muito tranquila e um trabalho de parto muito positivo também. Porém, toda a tranquilidade que experimentamos até ali começou a desaparecer no momento em que eu comecei a fazer força e empurrar para que ele nascesse. Tivemos uma grande complicação na hora da "expulsão", como os médicos chamam, e, resumindo a história, o nosso filho nasceu basicamente sem vida, pois ele tinha experimentado grande estresse no canal do parto. Além de não respirar, Zach estava praticamente sem batimentos cardíacos, então os médicos tiveram de se apressar e realizar uma série de procedimentos, que, infelizmente, não estavam surtindo muito efeito. Foi quando o direcionaram para a UTI neonatal.

Naquele instante, eu e meu marido, Teófilo, nos deparamos com uma realidade que não esperávamos. Por termos vivido uma gravidez tão tranquila, fomos pegos completamente de surpresa e não sabíamos nem como reagir a tudo que estava acontecendo. Lembro que, naqueles sete dias de UTI e depois, nas primeiras semanas de vida do Zach, aprendi mais sobre amor do que em todos os meus 28 anos vividos até aquele ponto. Entendi que não era uma sensação boa e doce que me guiava, mas um amor voraz que me fazia estar disposta a tomar o lugar do meu filho para que ele não passasse por aquilo, e sim eu. Eu ainda nem o conhecia direito, mas estava pronta a me entregar e trocar minha vida pela dele. Não era um sentimento romântico, suave ou florido, era muito diferente. Sentia como se uma leoa rugisse dentro de mim para tentar, a qualquer custo, salvar aquele bebê. Eu queria poder absorver suas dores e levar suas sequelas em mim, para que ele próprio não experimentasse nada disso.

Entendi na pele que o amor era uma entrega total, sem reter nada, sem limitar nada. E foi exatamente assim que Deus nos amou. Na verdade, fez isso de uma forma que nunca conseguiremos compreender por completo, pelo menos não enquanto ainda estivermos na Terra. E digo isso porque Ele nos amou **tanto** que, mesmo com esse sentimento avassalador por Seu Filho Jesus, Deus Pai escolheu entregá-lO por mim e por você, para que pudéssemos ser livres do pecado e reconciliados com Ele. Deus amava a Cristo de uma forma visceral e, ainda assim, abriu mão d'Ele por nós. Sabe por quê? Porque o Senhor também nos ama de forma visceral. Ele enviou Jesus, Seu Filho Unigênito, para que Este voltasse aos Céus como o Primogênito de toda a criação. O Pai nos amou de tal maneira que sofreu a dor da perda do Filho, a fim de que todos nós pudéssemos, da mesma forma que Jesus, chamá-lO de "Aba, Pai".

Nunca existiu, nem nunca existirá, amor maior ou mais forte que esse. O Pai, embora soubesse que Jesus venceria a morte e ressuscitaria, ainda teve de passar pela dor de entregá-lO e de vê-lO sofrendo. Ele sentiu o peso de ver Seu Filho, Santo, levando sobre Si nossas enfermidades, dores, sendo traspassado por nossas transgressões e moído por nossas iniquidades, e ainda tomando sobre Si o castigo que deveria cair sobre nós (Isaías 53). Deus Pai suportou isso tudo por amor a nós. E Deus Filho, Jesus, o Cristo, aguentou a cruz pelo mesmo motivo.

SÓ PODEMOS AMAR SE SOUBERMOS SER AMADOS

Sendo assim, para amar a Deus, precisamos, primeiramente, receber o Seu sublime amor – afinal, somos capazes de amar, porque primeiro Ele nos amou (1 João 4.19). No entanto, é essencial que cresçamos na revelação da potência de Seu amor por nós, para que compreendamos que, nem no nosso maior esforço, jamais seremos capazes de merecer tamanha entrega. Quando realmente entendemos isso, nos damos conta de que qualquer tentativa para merecer Seu amor é em vão, mas que toda dedicação e devoção a Ele e à Sua causa é a única resposta que podemos dar a tão maravilhoso, perfeito e eternamente amoroso Deus. Podemos tentar amar ao Senhor com todas as nossas forças, mas só seremos capazes de fazê-lo depois que recebermos desse amor visceral – que não reteve nada.

Quando eu medito sobre essa rendição completa, é impossível ficar parada e guardar isso somente para mim. Quando penso na entrega de Jesus, algo começa a queimar dentro do meu coração, alguma coisa borbulha e não consigo não responder a essa extravagante obra, a não ser com uma também extravagante, radical e visceral expressão de amor.

É impossível entendermos, mesmo que em parte, o amor de Deus e não correspondermos a ele de uma forma extrema. Não somos capazes de encontrar tão sublime e distinto amor, e nos conter em simplesmente ficar marinando nele, sem fazer nada com nossas vidas. Nossa resposta ao amor de Deus **necessita** ser expressa em amor extravagante e obediência radical à Sua vontade.

Isso quer dizer que não existem atalhos para vivermos integralmente para Deus, pois a única forma de fazê-lo é Lhe dando tudo de volta. Afinal de contas, tudo veio d'Ele, é por Ele e para Ele (Romanos 11.36), portanto, tudo retorna para o Senhor. O ar que respiramos vem do Criador, o sopro de vida em nossos pulmões também. Não é possível não respondermos ao amor de Deus com **tudo** que temos e somos. E isso não é, de forma alguma, acrescentar suor à obra perfeita da Cruz, mas responder avidamente a ela. Entender tudo o que já foi e está sendo feito por você e por mim, e retribuir com uma entrega total, integral, plena, com gratidão profunda, alegria indizível, e amor ativo e agressivo. De que outra forma poderíamos responder? Como não amá-lO e nos rendermos totalmente a Ele? Como não nos derramarmos como aquela mulher do vaso de alabastro? Como poderíamos reter algo de Alguém que não reteve nada?

Experimentar do amor de Deus causa em nós uma insatisfação santa de não nos contentarmos em viver nada menos do que tudo pelo que Ele já pagou o preço para que tivéssemos acesso. Por isso, é importante reforçar que viver integralmente para o Senhor vai, de fato, nos custar tudo. Por outro lado, também irá nos trazer tudo o que realmente importa e nos satisfazer como nenhuma outra coisa poderia. Escolher fazer a Sua vontade é a comida que vai nos alimentar e fortalecer nosso espírito. Viver de acordo com Sua Palavra, e debaixo de Seu amor, limpará e lavará nosso coração, além de curar nossas feridas. Fazer a vontade do Pai vai transformar quem nós somos, colocar em perspectiva as adversidades com que nos deparamos, nos fazer enxergar tudo do ponto de vista da eternidade, que nos ensina a relevar o que é passageiro.

Com isso, entendemos que nos render a Ele é a escolha mais sábia, mais incrível, mais transformadora e impactante que podemos tomar. Quando fazemos isso, não somente temos nossa vida transformada, mas somos capazes de mudar a vida do nosso próximo por meio do poder do Deus vivo que atua em nós e através de nós.

Começamos a compreender que Aquele que nos criou certamente sabe o que é melhor para nós, tem planos de paz, de futuro e de esperança, e que Seus pensamentos ao nosso respeito são mais altos que os nossos, assim como também são Seus caminhos (Isaías 55.9). À vista disso, passamos a escolher viver Seus objetivos para as nossas vidas.

O AMOR NOS CONDUZ À MATURIDADE E SANTIDADE

Conforme obedecemos Sua vontade e vivemos Seus planos para nós, nosso nível de entrega e consagração aumentam, e passamos a experimentar maior revelação acerca das coisas do Senhor. Na minha experiência, ao passo que isso foi acontecendo, fui constatando que me render por completo não parava em consagrar meu espírito a Deus, mas abrangia minha alma e meu corpo também. Passei a me enxergar como um ser triúno, assim como a Trindade. Cristo pagou um preço por tudo o que somos, sem faltar nada, ou seja, Seu sangue comprou nosso corpo e nossa alma, e fez reavivar nosso espírito. Assim, a obra da cruz leva justificação ao nosso espírito, santificação à nossa alma e glorificação ao nosso corpo (no Dia do Senhor).

Para que possamos crescer em maturidade ao longo de nossa jornada cristã, é essencial que entendamos a necessidade de nos desenvolvermos espiritualmente, termos a alma tratada e curada, além de consagrarmos e cuidarmos do nosso corpo, que é o nosso veículo nesta Terra, templo de habitação do Senhor e instrumento através do qual Deus fala e age. Jesus veio em carne, e isso nos mostra que o que Deus tem para fazer neste mundo tem de ser através de um corpo físico. Mas discorreremos melhor sobre isso nos próximos capítulos. O que gostaria de abordar agora é a respeito da necessidade de nos rendermos por completo (corpo, alma e espírito), uma vez que, só assim, viveremos Seus planos para as nossas vidas.

Portanto, é impossível que vivamos tudo o que Ele tem para nós se não consagrarmos e rendermos tudo o que somos a Ele. Para exemplificar isso, gostaria de trazer mais uma experiência pessoal. Eu tive uma entrega genuína ao Senhor, mas pude perceber que, mesmo depois do meu novo nascimento, o Inimigo ainda tinha influência sobre diversas áreas da minha vida, uma vez que eu ainda não as tinha consagrado por completo a Deus – não por falta de vontade, mas por falta de conhecimento. A Bíblia é o manual que o Senhor nos dá e, muitas vezes, erramos por não conhecermos as Escrituras (Mateus 22.29 e Marcos 12.24). Quanto mais conhecemos a Deus através de Sua Palavra e de encontros sobrenaturais, mais a Sua luz brilha sobre e em nossa vida, melhor entendemos as coisas e menos erramos.

Com o nosso crescimento como discípulos de Cristo Jesus e nosso amadurecimento no Evangelho, vamos descobrindo mais partes nossas que devem ser consagradas, entregues e rendidas a Ele, a fim de que Deus possa curá-las e restaurá-las. É uma crescente revelação sobre pegarmos a nossa cruz e O seguirmos. Isso significa que, todos os dias, nós escolhemos morrer para nós mesmos, para que Ele possa viver em nós e Se manifestar através de nós. Isso revela a maturidade de um cristão que está disposto a viver por aquilo que Jesus morreu.

Mas fique tranquilo, porque isso não quer dizer que nós teremos uma vida infeliz ou que nunca conseguiremos fazer aquilo que desejamos. Sabe por quê? A coisa mais incrível da caminhada com Deus é que, quanto mais perto estamos d'Ele, mais recebemos o Seu coração. Quanto mais próximo chegamos, mais a Sua vontade lateja em nossas vidas. Então, ao passo que amadurecemos no Senhor, agradá-lO se torna nosso maior motivo de alegria.

Conforme fui caminhando com Jesus e me entregando mais e mais a Ele, passei a perceber que algumas vontades que eu tinha foram perdendo o brilho e o valor, porque já não faziam sentido na minha nova vida com Cristo. Meus sonhos egoístas não estavam em concordância com a maneira altruísta da qual Jesus estava me ensinando a viver. Desejos antigos que eu tinha, e que não trabalhavam para o propósito de Deus na Terra, já não me apeteciam mais. Planos que não envolviam o Senhor já não faziam sentido. Isso, porque, ao caminharmos ao Seu lado, Ele vai colocando em nós o Seu coração e, então, o nosso passa a não bater mais de acordo com as coisas naturais deste mundo, mas sim com o ritmo sobrenatural do coração de Deus. Começamos a sentir o que Ele sente; Sua dor é nossa dor, Sua alegria é nossa alegria. E a única coisa que nos satisfaz é fazer a Sua vontade, porque é isso que O agrada e, em consequência, a nós também.

É por isso que Jesus fez aquela oração em João 17.21, que vou parafrasear aqui: "Pai, assim como Nós somos um, que eles também sejam um Contigo". Quando nos tornamos um com Deus, já não diferenciamos onde termina a nossa vontade e onde começa a d'Ele, porque o nosso querer se torna o do Pai. Quando nos achegamos ao nosso Criador, entendemos para que, de fato, fomos feitos. Nós nascemos d'Ele, somos filhos e filhas de Deus, portanto nada nos satisfará mais do que fazer a Sua vontade todos os dias de nossas vidas.

Porém, lendo tudo isso, talvez você esteja se perguntando: "Então, qual é o primeiro passo para começarmos a viver integralmente para Deus?".

O AMOR PERFEITO

Como eu disse anteriormente, não tem como amarmos a Ele sem antes recebermos o Seu amor. Isso, porque é o próprio Deus quem nos capacita a amá-lO. Entretanto, o que muitas vezes acontece é que tentamos fazer para ser. Ou seja, tentamos amar para sermos amados, por meio do nosso próprio esforço, ou para nos tornarmos filhos. Mas uma verdade que nunca será falada o suficiente é que nós somos filhos amados que levamos prazer ao Pai simplesmente por sermos filhos. Se não vivermos a partir dessa revelação, passaremos o tempo todo tentando conquistar o amor do Pai e provar que merecemos esse amor. Mas, assim como já falei incisivamente antes, nós nunca seremos capazes de merecer o amor de Deus, não importa o quanto tentemos, nem quão bons cidadãos nos tornemos.

É isso mesmo que você acabou de ler: nós nunca conseguiremos ser bons o suficiente ou evoluídos o bastante para merecermos o amor de Deus Pai. E é nisso que descansamos, no fato de que a Cruz nos basta. O sacrifício de Jesus nos torna merecedores, não pelo que fizemos, mas pelo que Ele fez. O amor de Deus é inigualável e inalcançável. A partir do sangue de Cristo, somos justificados, lavados e recebemos o Espírito da adoção, através do qual podemos clamar: "Aba, Pai".

Por isso, antes de mais nada, para que possamos viver totalmente para Deus, é necessário que nos posicionemos para receber desse amor perfeito. E nada do que fizermos poderá mudar isso. Nem o pior pecado nem o melhor acerto podem modificar o que Deus sente pelos Seus filhos. Ele nos ama de forma incondicional, ou seja, nenhuma condição diferente poderá alterar Seu amor por nós.

Deixe-me tentar explicar melhor para você. Um dia, estava com meus filhos, e Zach, o mais velho, estava me dando uma trabalheira, sendo desobediente e indomável. Eu lembro do momento em que olhei para ele, com todo o controle que eu podia encontrar dentro de mim, e falei: "Meu filho, eu amo você, mas não gosto do que está fazendo". Naquele momento, tive uma nova revelação do amor de Deus por nós. As ações do Zach em nenhum momento modificaram meu amor por ele, mas eu não estava nada feliz com elas. Ele ainda me trazia prazer por ser meu filho, mas eu não aprovava as suas atitudes. Então, quando Deus nos olha fazendo algo que não Lhe agrada, acredito que pense: "Filho, Eu amo você, mas não gosto do que está fazendo. Se você continuar, Eu permanecerei amando você, mas não concordarei com as suas escolhas. Porém, se mudar as suas atitudes, o Meu amor permanecerá mesmo assim, e, além dele, você terá o Meu respaldo para as suas escolhas, porque elas serão baseadas na Minha vontade, que é boa, agradável e perfeita".

Você consegue imaginar isso? Feche os seus olhos agora e ouça o que Deus está falando a respeito das suas escolhas hoje. O amor do Pai por você **nunca** vai mudar, mas Ele pode estar Se agradando das suas atitudes ou lhe incomodando para agir diferente, já que apenas assim você será capaz de começar a viver o excelente que Ele tem para a sua vida. Pare e simplesmente **ouça** o que Ele está falando. Ouviu? Então, agora que entendeu que nada do que fizer pode mudar o amor de Deus por você, vamos para a próxima etapa.

Outra coisa que precisamos fazer é nos desvencilhar do nosso orgulho, porque ele nos impede de depender completamente de Deus. Para termos uma vida rendida a Ele, precisamos aprender a perder o controle. Quando passamos a permitir que o Espírito Santo seja nosso guia e copiloto, nos ensinando a dirigir nossa vida do jeito d'Ele, começamos a viver nosso propósito divino aqui na Terra. É no momento em que deixamos de buscar a nossa vaidade e nossas vontades que o Espírito de Deus pode começar a nos usar para fazer parte da Sua história. É importante entendermos que não tem nada a ver conosco, mas com Seu plano redentivo para a Terra. Tem total ligação com Ele e com todos os que serão salvos e alcançados através da nossa obediência radical, constante e consistente. Lembre-se: Ele morreu por **mim** e por **você**. Quando nos rendemos a Deus, entendemos que fazemos parte de um plano maior que nós. Existe um propósito para todas as coisas debaixo do céu (Eclesiastes 3.1), e viver para Ele significa abraçar esse propósito por todos os nossos dias.

VIVENDO POR PROPÓSITO

Após a minha conversão, passei a viver pelo propósito de Deus, e Ele fez infinitamente mais do que pedi, pensei ou imaginei (Efésios 3.20). Voltando a essa história, recordo-me que acordei no dia seguinte e falei para o Senhor: "Deus, é isso. Eu não volto mais atrás. Vou viver totalmente para Ti". Eu decidi me render a Ele por quem Ele era, não pelo que poderia fazer por mim. Eu resolvi entregar a minha vida ao Deus criador de todas as coisas por reconhecer Seu Senhorio sobre ela. E quando fiz isso, posicionei-me como um vaso em Suas mãos, para que Ele me usasse como quisesse (Atos 9.15).

Depois daquilo, comecei a ver Deus agindo **em** mim e **através** de mim. No instante em que disse a Ele: "Faça alguma coisa", eu Lhe dei autoridade para transformar toda minha vida e tudo ao meu redor por meio dela. Então, quando nos rendemos totalmente a Ele, damos-Lhe espaço para operar em nós e através de nós. Ao nos colocarmos à disposição de Deus, Ele escreve a Sua história em parceria com nossas vidas. Render-se ao Senhor significa disponibilizar-se de forma que Ele faça o que for e, assim, realize o Seu desejo em nós, o que nos leva a estar no centro da Sua perfeita vontade para nossas vidas e a experimentar o que significa ser canal de Deus aonde quer que formos.

Sendo assim, algo a que precisamos nos atentar é que devemos estar cheios do pleno conhecimento de Sua vontade, para vivermos de maneira digna do Senhor. Para isso, gostaria de colocar aqui um trecho bíblico que considero muito importante acerca da vontade de Deus.

Por esta razão, também nós, desde o dia em que o ouvimos, não cessamos de orar por vós e de pedir que transbordeis de pleno conhecimento da sua vontade, em toda a sabedoria e entendimento espiritual; a fim de viverdes de modo digno do Senhor, para o seu inteiro agrado, frutificando em toda boa obra e crescendo no pleno conhecimento de Deus; sendo fortalecidos com todo o poder, segundo a força da sua glória, em toda a perseverança e longanimidade; com alegria, dando graças ao Pai, que vos fez idôneos à parte que vos cabe da herança dos santos na luz. (Colossenses 1.9-12)

Paulo começa sua carta com essa oração que visa o crescimento espiritual dos colossenses, pois era desejoso de ver Deus operando através de suas vidas. Ele mostra que conhecer e fazer a vontade divina nos levará a viver de forma agradável ao Senhor e com uma conduta digna de sermos chamados "cristãos". A manifestação perfeita de Sua vontade se encontra na pessoa e nas obras de Jesus Cristo. Portanto, ao crescermos no conhecimento de Jesus, passamos a entender melhor o Pai e Sua vontade, e a agradá-lO mais e mais, dando mais frutos duradouros em nossas boas obras. Somos, assim, fortalecidos em todo Seu poder, o que nos capacita a perseverar nas dificuldades e a agir com longanimidade e alegria. Além disso, o grande ponto de entender a vontade de Deus é podermos agradar Seu coração. Quanto mais O conhecemos, mais O amamos e mais desejamos alegrá-lO. Quanto mais O amamos, mais ansiamos por conhecê-lO e fazer a Sua vontade.

CAPÍTULO 2

CONHECENDO A DEUS PARA CONHECER SUA VONTADE

Por esta razão, também nós, desde o dia em que o ouvimos, não cessamos de orar por vós e de pedir que transbordeis de pleno conhecimento da sua vontade, em toda a sabedoria e entendimento espiritual; a fim de viverdes de modo digno do Senhor, para o seu inteiro agrado, frutificando em toda boa obra e crescendo no pleno conhecimento de Deus. (Colossenses 1.9-10)

Para compreendermos a vontade de Deus, é essencial primeiramente conhecer o Deus da vontade. Em outras palavras, é necessário conhecer o Pai, o Filho e o Espírito, em Sua personalidade, natureza, identidade e caráter. Quando crescemos em conhecimento e revelação de quem Deus é, avançamos também em discernimento de Sua vontade para nossas vidas. Contei brevemente meu testemunho no capítulo anterior e aqui irei expandi-lo um pouco mais, para exemplificar como crescemos no conhecimento da Trindade.

Quando o Senhor me encontrou e eu respondi ao Seu toque com a entrega da minha vida, não tinha entendimento pleno do que estava fazendo, mas sabia que aquela atitude estava me levando a conhecer Jesus. O Seu sacrifício era o meu ponto de conexão com Deus, já que através desse ato de amor radical, Ele levou sobre Si o castigo que deveria cair sobre mim. Pude enxergá-lO como uma pessoa de carne e osso, porque compreendi que Jesus foi o Verbo que se fez carne para habitar entre nós (João 1.14). Por isso, é comum que muitos de nós consideremos mais fácil nos conectarmos com Deus Pai por meio d'Ele, porque entendemos que Cristo viveu da mesma maneira que nós.

Abrir-me para conhecer Jesus foi o primeiro passo para me achegar ao Deus Triúno que ainda Se revelaria a mim de forma mais plena, como Espírito Santo, Pai e Noivo (Mateus 9.15), o Amado da minha alma (Cântico dos Cânticos 3.4), citando somente algumas das facetas do nosso Senhor, através das quais Ele Se revela a nós.

Sabemos que Deus atua em nós por meio do Seu Santo Espírito. Porém, eu não O havia conhecido como tal, nem tinha experimentado do Seu poder tangível até esse ponto da minha caminhada com o Senhor, que estava apenas no começo. A primeira experiência palpável que tive com o Espírito Santo foi em uma reunião de avivamento do Movimento Dunamis, quando um preletor convidado veio orar por mim e eu simplesmente deixei de sentir minhas pernas. Naquele dia, perdi levemente a consciência e, depois de certo tempo, me encontrei caída no chão, chorando intensamente e inteiramente trêmula debaixo do poder do Espírito de Deus. Aquilo foi resultado de um toque sobrenatural do Senhor, assim como a paz que excedia todo entendimento que senti em mim no dia do meu novo nascimento.

É importante entendermos que Deus não tem uma fórmula ou roteiro para interagir conosco. Ele pode Se relacionar através da manifestação tangível

~ 44 ~

do Seu poder, por meio de uma paz indescritível ou de uma forma que nunca vimos antes. E, muitas vezes, por esperarmos que o Senhor aja de modo pré--estipulado em nossas mentes, deixamos de perceber o agir do Espírito Santo, porque não estamos abertos às inúmeras novas maneiras que Ele pode e deseja Se manifestar. Hoje, tenho consciência de que a paz no coração é um sinal tão sobrenatural quanto o "cair na unção". Esse entendimento é essencial para perceber a atuação do Espírito de Deus em nós e conhecê-lO de um jeito saudável e natural.

O Espírito Santo habita em nós e é Quem mais nos conhece, inclusive melhor do que nós mesmos. Ele é nosso Ajudador, Conselheiro e Consolador. Todas as Suas manifestações são igualmente poderosas, e o reconhecimento disso é fruto de amadurecimento espiritual. Olhando para as histórias das minhas primeiras experiências com Deus, vejo que Ele usou de situações como "cair debaixo da unção" para mostrar que poderia agir em mim da forma que quisesse e que Ele era um Deus alcançável e próximo, que, mesmo sendo tão majestoso, poderia tocar especificamente um de Seus filhos.

Outra experiência poderosa que transformou meu caminhar com o Senhor aconteceu durante um encontro de diversas igrejas com intuito de interceder pelo Brasil e pelas eleições presidenciais, que aconteceriam naquele ano. Lembro que, naquele dia, o

Espírito Santo me impactou de forma forte e palpável. Eu podia sentir a presença de Deus tocando a minha pele e envolvendo todo o meu corpo. Ao mesmo tempo que sentia essa força sobrenatural me cobrir, também tinha a impressão de que algo estava sendo gerado dentro de mim e poderia explodir a qualquer momento.

O evento acabou, mas aquela sensação permaneceu. Continuei sentindo tudo aquilo por um bom tempo sem entender o motivo. Não tinha certeza do que estava acontecendo comigo, até que, algumas semanas depois, quando estava em um culto na minha igreja, pedi a Deus que me confirmasse se aquilo que vivi havia sido o batismo com o Espírito Santo. Se eu perdesse o controle do meu corpo naquele culto, teria a confirmação. Logo depois que terminei de orar, experimentei o maior formigar que já senti nas minhas pernas, a ponto de não conseguir movê--las. Comecei a chorar compulsivamente e meu queixo começou a bater como se eu estivesse num frio de -40º C. Em seguida, comecei a orar em línguas angelicais incontrolavelmente, que é uma das evidências do batismo com o Espírito Santo, aquele evento destravou algo em mim e comecei, a partir dali, a experimentar um novo nível de intimidade com o Espírito.

Até esse ponto eu só tinha começado a conhecer o Deus Triúno através da pessoa de Jesus, como meu salvador e irmão mais velho; e do Espírito Santo, meu guia, confortador, e Aquele que me convencia do pecado. Não havia experimentado o amor, a aprovação e a afirmação de Deus. Eu ainda não tinha provado do que é ser filha de um Pai perfeito, que me amava simplesmente por quem eu era.

O início da minha caminhada com o Senhor foi marcado por um tratamento profundo e dolorido da parte de Deus, em que Ele estava arrancando todo meu orgulho. Pedia que Deus fizesse tudo que precisasse, porque não queria perder nada daquilo que havia guardado para mim e para acontecer através da minha vida. Era o melhor lugar que poderia estar, mas ainda assim doía demais, porque Ele estava removendo minhas raízes de autossuficiência e independência, que me impediam de chegar completamente vulnerável, entregue e sem defesas ao coração do Pai.

Foi então que, em um culto cheio da presença de Deus em minha igreja, o Pai me encontrou. Não conseguirei nunca descrever ou explicar em palavras o que houve naquela noite, mas me lembro como saí daquela reunião: radiante, com um sorriso de orelha a orelha. Havia recebido um amor incondicional pelo qual não estava esperando, pelo menos não até que eu me sentisse perfeita. Esse amor apenas pedia que eu abaixasse a minha guarda para que Ele pudesse entrar e me tomar por completo. Esse amor de Pai, do Pai perfeito, nosso Pai celestial, é o único que nos aceita com todas as nossas falhas. Ele beija nosso rosto, restaura nossa identidade de filhos, encobre multidões de pecados, celebra nosso retorno, restaura nossa autoridade espiritual e calça nossos pés com as sandálias do Evangelho da paz, mesmo antes de estarmos exteriormente prontos para trilhar esse caminho. É nos braços do Pai que encontramos descanso, proteção, cuidado e provisão. É nesse lugar que descobrimos que a melhor coisa é nos entregarmos e dependermos total e completamente d'Ele. O Senhor nunca nos deixará nem nunca nos abandonará (Deuteronômio 31.6), n'Ele não temos falta de nada (Salmos 23.1), Ele é nosso lugar seguro.

Conhecer a Deus é uma jornada dinâmica e contínua. Até hoje, permaneço avançando no conhecimento de quem Ele é, e eu creio que essa aventura nunca chegará ao fim, porque Ele é eterno e infinito. A cada dia, o Senhor se revela a nós de forma nova e, em cada fase de nossas vidas, descobrimos uma face inédita d'Ele e do Seu amor perfeito. Com nosso amadurecimento, vamos descobrindo que Deus é tudo que precisamos e desejamos, e que Ele nos supre integral e perfeitamente, basta estarmos dispostos a conhecê-lO e compreender Sua vontade. Sendo assim, gostaria de convidá-lo para estudarmos rapidamente a figura de cada uma das Pessoas da Trindade.

DEUS PAI

A primeira pessoa da Trindade que vamos analisar é Deus Pai – esse estudo se chama Paterologia. Ele é a origem de tudo e de todos. É nosso Criador e, por consequência, o nosso Pai, principalmente pelo fato de termos sido feitos à Sua imagem e semelhança. Por isso, é inerente a nós a necessidade de querermos nos relacionar com Ele e conhecê-lO. Um dos propósitos das nossas vidas é sermos parecidos com o nosso Pai. Isso reafirma o tipo de amor que o Senhor deseja nos dar, um amor que só pode vir através da Sua Paternidade.

Em Gálatas 3.26, a Bíblia declara: "Pois todos vós sois filhos de Deus mediante a fé em Cristo Jesus", e mais à frente, no fim do verso 28, diz que todos nós somos um n'Ele. Entendemos, assim, que o que nos torna filhos de Deus é a cruz de Jesus e nossa permanência em quem Ele é. Pois Cristo veio como o Unigênito para depois ser feito o Primogênito de toda a criação, assim como está em Colossenses 1.15.

> Este é a imagem do Deus invisível, o primogênito de toda a criação.

O sangue de Cristo permite a nossa filiação no Senhor, e foi a sua missão na Terra torná-lO conhecido como Pai. Apenas após a revelação de Jesus como Filho de Deus é que a Sua paternidade foi compreendida por nós. Jesus Cristo é, portanto, o único caminho para nos tornarmos filhos de Deus, como Ele mesmo diz em João 14.6.

Eu sou o caminho, e a verdade e a vida; ninguém vem ao Pai, senão por mim.

Outro ponto que revela a paternidade de Deus para conosco é Sua correção, exortação e disciplina em amor, como está em Hebreus 12.5-11.

E já vos esquecestes da exortação que argumenta convosco como filhos: Filho meu, não desprezes a correção do Senhor, e não desmaies quando por ele fores repreendido; porque o Senhor corrige o que ama, e açoita a qualquer que recebe por filho. Se suportais a correção, Deus vos trata como filhos; porque, que filho há a quem o pai não corrija? Mas, se estais sem disciplina, da qual todos são feitos participantes, sois então bastardos, e não filhos. Além do que, tivemos nossos pais segundo a carne, para nos corrigirem, e nós os reverenciamos; não nos sujeitaremos muito mais ao Pai dos espíritos, para vivermos? Porque aqueles, na verdade, por um pouco de tempo, nos corrigiam como bem lhes parecia; mas este, para nosso proveito, para sermos participantes da sua santidade. E, na verdade, toda a correção, ao presente, não parece ser de gozo, senão de tristeza, mas depois produz um fruto pacífico de justiça nos exercitados por ela. (ACF)

Quando aceitamos a correção e a disciplina do Senhor, permitimos que Ele nos tenha como filhos.

Além disso, a Bíblia também nos diz que "todos os que são guiados pelo Espírito de Deus são filhos de Deus" (Romanos 8.14). Ou seja, há a correção do

Senhor, e há também o acatamento desta. Nós, como filhos, devemos atender à disciplina do Pai e deixar-nos ser guiados por Seu Espírito, que habita em nós, que é "o Espírito de adoção de filhos, pelo qual clamamos: 'Aba, Pai'" (ACF), e que testifica no nosso espírito que somos como Jesus, filhos amados em quem Ele tem prazer.

DEUS FILHO

Agora seguimos para conhecer um pouco mais a Jesus. O estudo da pessoa de Jesus Cristo (Cristologia) abrange Sua humanidade, sendo Ele o Filho do homem; Sua divindade, por ser Filho do Deus Vivo; Seu caráter, que consiste em quatro pilares: santidade, amor, mansidão e humildade. E, por fim, Suas obras foram: morte, ressurreição e ascensão, todas referentes à nossa redenção, e fizeram do cristianismo a única religião redentora, uma vez que a morte de Cristo vem para a expiação de nossos pecados – sendo esse o foco dos evangelhos.

Cristo sustém o cristianismo, diferentemente de religiões que subsistem sem seu fundador, até porque não se trata de uma religião, mas um estilo de vida. É sobre permitir que a vida do Salvador seja manifesta através das nossas.

Jesus veio, manteve-se puro e perfeito por toda Sua vida, para que fosse propiciação pelos nossos pecados. Se por um homem – Adão – o pecado entrou no mundo e, assim, a morte reinou, por um só Homem – Jesus Cristo – recebemos a graça e o dom da justiça para reinarmos em vida (Romanos 5.12-17). A morte de Jesus é suficiente para pagar por nossos pecados e nos estender a vida eterna. Seu triunfo sobrenatural, Sua ressurreição, é o poder que habita em nós para vencermos o mundo como Ele venceu e para governarmos em Terra com Ele.

DEUS ESPÍRITO SANTO

Por fim, a última Pessoa da Trindade, mas não menos importante, o Espírito Santo. Seu estudo se chama Pneumatologia e devemos gastar nossos dias buscando conhecê-lO mais profundamente. Ao olhar para a Palavra de Deus, podemos ter uma visão melhor de Seu Espírito.

O Espírito Santo é uma Pessoa, assim como Deus Pai e o Filho, uma vez que podemos atribuir a Ele inteligência, emoção e volição (autoconsciência e autodeterminação). Contudo, não é uma pessoa tal como definimos um ser humano, mas uma personalidade, uma Pessoa da Trindade. Ele veio aos discípulos e a nós para ser aquilo que Jesus Cristo foi para aqueles com quem caminhou junto enquanto estava na Terra (João 14.16-17) – Ele viria como o outro Consolador depois de Jesus, o *parakletos*.

O Espírito Santo é Um com Deus, é parte da Divindade, é coigual, coeterno e consubstancial com o Pai e o Filho. Ele é eterno, onipresente, onipotente e onisciente (1 Coríntios 2.10-11) – atributos de Sua Divindade. O Espírito Santo realiza as obras divinas na Terra: Ele cria (Jó 33.4), transmite vida tanto física como espiritual (Romanos 8.11) e move o Homem para entregar profecias divinas (2 Pedro 1.21). Ele é chamado de Espírito Santo, pois Sua obra é santificar--nos (Romanos 1.4). É Espírito, *pneuma*, pois é fôlego, a vida de Deus que d'Ele sai para vivificar. Ele é o Purificador (Isaías 4.4), o Santo Espírito da promessa (Efésios 1.13), o Espírito da verdade (João 15.26), da vida (Romanos 8.2), da graça (Hebreus 10.29) e da glória (1 Pedro 4.13-14), e o Consolador (João 14.26), entre outros nomes.

O Deus Triúno opera tudo no Homem, cada uma das Pessoas da Trindade é ativa em tudo que é feito em nós. Deus Pai, Deus Filho e Deus Espírito atuaram na Criação, na Redenção e na Salvação – não foram obras executadas individualmente por cada Um, mas pelos Três de formas distintas. O Pai é o Autor, o Filho é o Executor e o Espírito, o Ativador de cada ato. Portanto, Ele ativa e finaliza as ações iniciadas por Deus Pai e Jesus. Ele é o agente dinâmico na Criação (Salmo 33.6) e em sua restauração e preservação.

Em relação aos perdidos, o Espírito traz convicção e resolução, luta para que eles saiam do pecado e da iniquidade, testifica sobre Jesus Cristo e convence do pecado, do juízo e da justiça (João 16.8-11).

A respeito dos crentes, Ele regenera – novo nascimento em nosso espírito; traz o batismo ao Corpo de Cristo – obra da regeneração; habita no cristão – obra da purificação e da santificação; sela a pessoa e a torna Sua propriedade, além de a equipar para cumprir o Seu chamado divino. Ele produz Seu Fruto em nós, capacita-nos para operar em Seus dons e possibilita nossa comunhão com Deus. E através do batismo no Espírito Santo, podemos testemunhar em Seu poder sobre a ressurreição de Jesus Cristo.

Nós não temos tempo de nos aprofundar nesses estudos, mas encorajo você a separar um dia da sua semana para mergulhar no conhecimento de quem Deus é. Devemos nutrir em nossos corações um intenso desejo de conhecer o Pai, o Espírito e o Filho, porque quanto mais entendemos a Deus, mais O amamos. Quanto mais O amamos, mais desejamos compreender e fazer a Sua vontade, e, consequentemente, mais buscamos conhecê-lO.

Um dos maiores desejos do coração de Deus é que vivamos 100% do que Jesus conquistou para nós na cruz do Calvário. Por isso, no próximo capítulo, vamos nos aprofundar nos efeitos dessa maravilhosa salvação em nós, para entender como podemos viver dignamente para o nosso Deus. Mal posso esperar para começarmos a conversar sobre esse tema e descobrirmos ainda mais o poder divino atuante em nós!

CAPÍTULO 3

OS EFEITOS DA RENDIÇÃO NO CORPO, NA ALMA E NO ESPÍRITO

Assim, pois, amados meus, como sempre obedecestes, não só na minha presença, porém, muito mais agora, na minha ausência, desenvolvei a vossa salvação com temor e tremor. (Filipenses 2.12)

Até aqui, já entendemos que a única forma de realizarmos a vontade de Deus em nossas vidas é nos rendermos por completo a Ele. Também nos aprofundamos no fato de que só conseguimos fazer isso inteiramente quando conhecemos a quem estamos nos rendendo. Ainda que não sejamos capazes de conhecer plenamente quem é Deus, podemos entender Seu caráter, Sua natureza e Sua integridade através do nosso relacionamento com cada pessoa da Trindade. E, a partir do momento que conhecemos a mente e o coração do nosso Criador, o nosso Pai, o nosso Rei, passamos a compreender nossa verdadeira identidade e o nosso propósito.

Neste capítulo, gostaria de levar você a uma jornada de compreenssão dos efeitos da salvação em nossas vidas. Talvez, para a maioria de nós, seja mais fácil constatar que o sacrifício de Cristo causa um grande impacto em nossos espíritos, afinal Deus é espírito (João 4.24), logo, tudo o que Ele faz influencia o espiritual em primeiro lugar. Mas se nós, seres humanos, constituídos de corpo, alma e espírito, somos feitos à imagem e à semelhança de Deus, podemos pressupor que Ele tem não só um espírito, mas também corpo e alma em Sua formação. Podemos constatar isso através de algumas passagens bíblicas.

Em Levítico 26.11, por exemplo, vemos Deus falando que colocará Seu tabernáculo no meio de Seu povo e a **Sua alma** não lhes aborrecerá. Em Isaías 42.1, Ele diz: "Eis aqui o meu servo, a quem sustenho; o meu escolhido, em quem a **minha alma** se compraz" (grifo da autora). A Bíblia frequentemente afirma que Ele possui uma alma, ou seja, emoções (sentimentos), vontade (desejos) e mente (pensamentos). Assim como uma pessoa de carne e osso, Deus pode demonstrar sentimentos, como ira (Êxodo 4.14), tristeza (Efésios 4.30), ciúmes (Tiago 4.5), compaixão (Oseias 11.8), entre outros. Ele pode mudar Seu pensamento sobre algo, como fez em relação ao momento da destruição de Sodoma e Gomorra, ao conversar com Abraão em Gênesis 18. E da mesma forma como Cristo nos ensina na "Oração do Pai Nosso", Ele deseja que estabeleçamos a Sua vontade na Terra, assim como é no Céu (Mateus 6.9-13).

Cristo também é Aquele nos introduz à ideia de que Deus tem corpo. Para cumprir a obra da salvação, Jesus Se fez carne e habitou entre nós com um corpo humano como o nosso, de carne e osso. Ele viveu, morreu e ressuscitou na forma de homem. É muito importante ressaltar isso. No fim de Seu tempo na Terra, após a Sua crucificação e ressureição, Cristo reaparece aos discípulos, não como um espírito, mas como um homem com um corpo ressuscitado, que ainda carregava as marcas do seu sacrifício (João 20.24-28).

Mais à frente no Novo Testamento, o apóstolo Paulo também reforça o conceito de que Deus tem um corpo ao ensinar que, uma vez que Cristo está atualmente assentado à direita do Trono de Deus nos Céus, nós, a Sua Igreja, somos o Seu corpo na Terra (Romanos 12.4-5), enquanto Ele é o cabeça (Efésios 4.15-16) que nos lidera a uma vida plena.

Jesus viveu na Terra com corpo, alma e espírito, e através do Seu ministério e da Sua obra redentora na cruz, não só nos mostrou o que é viver em plenitude nessas três áreas, como também nos garantiu *sozo* em cada uma delas. *Sozo* é termo grego utilizado no Novo Testamento para se referir ao tipo de salvação integral que Cristo conquistou para nós, que abrange cura física, libertação da nossa alma e salvação do nosso espírito. Portanto, o nosso Senhor veio para pagar o preço para nos restaurar de forma integral: corporal, almática e espiritualmente.

Por um homem, o pecado entrou no mundo, mas por meio de Jesus, pela obediência de um só Homem, "veio a graça sobre todos os homens para a justificação que dá vida" (Romanos 5.18). Cristo vem como o segundo Adão para, legalmente, vencer a morte, as obras do inimigo, nos reconciliar ao Pai e nos trazer salvação. A morte de Jesus é suficiente para pagar por nossos pecados e nos estender a vida eterna. Seu triunfo sobrenatural, Sua ressurreição, é o poder que habita em nós para vencermos o mundo como Ele venceu e para reinarmos na Terra com Ele, na Sua volta.

Tendo isso estabelecido, temos total convicção de que viver uma vida plena em corpo, alma e espírito, significa ter revelação e entendimento de que podemos usufruir de tudo que nos foi disponibilizado através do sacrifício de Jesus.

Contudo, antes de falarmos sobre plenitude nessas três áreas, vamos só entender melhor sobre nosso novo nascimento e a doutrina da nossa salvação em Cristo Jesus.

NOVO NASCIMENTO

Mas, a todos quantos o receberam, deu-lhes o poder de serem feitos filhos de Deus, a saber, aos que creem no seu nome; os quais não nasceram do sangue, nem da vontade da carne, nem da vontade do homem, mas de Deus. (João 1.12-13)

Antes do nosso novo nascimento, estávamos sob o domínio do pecado, e nosso espírito estava morto. Sem Cristo, não éramos e não seríamos ninguém. Antes de Ele entrar em nossas vidas, estávamos perdidos em nossos pecados e mortos espiritualmente. Todavia, é ao confessarmos com nossa boca que Jesus Cristo é nosso Senhor e Salvador e crermos em nosso coração que Deus O ressuscitou dos mortos (Romanos 10.9), que recebemos, então, a salvação, que é pela graça de Deus, por meio da fé (Efésios 2.8), e, assim, nascemos de novo.

Nosso espírito, portanto, é reavivado e temos o poder de sermos feitos filhos de Deus. Renascemos como seres espirituais quando o Espírito Santo sopra vida em nosso espírito, morto pelo pecado, e isso nos faz filhos de Deus, pois d'Ele fomos gerados, uma vez que nosso espírito vem do Seu Espírito. Podemos, assim, entrar em relacionamento com o Senhor. A partir do novo nascimento, somos salvos pela graça de Deus, mediante nossa fé, e isso é um dom divino.

Tendo firme essa base de quem é Deus e o entendimento de que somos nascidos d'Ele, não há espaço para questionarmos nossa nova e inabalável identidade de filhos de Deus.

JUSTIFICAÇÃO

No momento em que confessamos Jesus, ou seja, quando nos convertemos, somos justificados n'Ele (Atos 13.39), pela graça, por meio da fé, não por lei, não por obras, para que ninguém se glorie. Somos justificados pela graça de Deus, sem merecer nada, pois Ele deu Seu único Filho para que fôssemos salvos por completo – *sozo*. Nossa justificação vem pela fé e só Jesus Cristo pode nos justificar, pois apenas Seu sangue é poderoso para fazer tal coisa.

Justiça é diferente de juízo. Nós, cristãos, não devemos anunciar o juízo de Deus antes de propagar Seu amor e Sua justiça. Devemos ser rápidos e intencionais em declarar a justiça de Deus vindo para alinhar as coisas "tortas" em nossas vidas, para acertar o que está errado, para trazer esperança ao perdido. A justiça de Deus é algo bom que traz vida e alegria aos que a experimentam. Sua justiça atua em nós e nos traz justificação.

Quando somos justificados, podemos entrar em Sua presença sem culpa alguma, como se nunca tivéssemos cometido pecado algum. Nossa dívida já foi paga por Jesus. A justiça gera ousadia em nós, pois sabemos que recebemos de graça aquilo que alto preço custou, portanto devemos usufruir o máximo que conseguirmos. Isso exprime Sua maravilhosa e inexplicável graça, que nos justifica de todo pecado, mesmo que a única coisa que tenhamos feito para "merecer" isso tenha sido dizer "sim" para Ele, confessando-O como Senhor e Salvador.

Uma vez que somos recriados no espírito, por meio do novo nascimento, somos, justificados e recolocados, pela obra redentora de Jesus Cristo, na posição da qual jamais deveríamos ter saído, a condição de justiça de Deus (2 Coríntios 5.21), e voltamos à comunhão espiritual com Ele.

A justificação é um livre ato da graça de Deus, através do qual Ele nos redime de todos os pecados e nos recebe e aceita como justos aos Seus olhos, uma vez que a justiça de Cristo, Aquele que nunca compactuou com a corrupção, vem sobre nós, a qual recebemos pela fé. Deixamos de ser pecadores e condenados, e passamos a ser santos e salvos, justificados por Jesus.

SANTIFICAÇÃO

Todos os nascidos de novo foram soberana e divinamente feitos santos em Cristo, e se encontram no processo de santificação enquanto ainda estiverem na Terra. Vamos enfatizar essa segunda faceta do processo de santificação.

Depois que somos salvos, nós nos tornamos uma nova criatura em nosso espírito (2 Coríntios 5.17-18). Contudo, essa nova criatura ainda tem hábitos antigos (nossa alma). O processo de santificação ocorre, portanto, na alma, conforme vamos nos aproximando do Senhor e vamos nos transformando cada vez mais parecidos com Ele (2 Coríntios 3.18). À medida que contemplamos Sua face, Sua glória, Sua majestade, não temos outra possibilidade a não ser sermos transformados por Ele, tornando-nos cada vez mais parecidos com nosso Criador.

Outra forma de desenvolvermos nosso processo de santificação é por meio da renovação da nossa mente, enquanto o espírito passa por seu processo de crescimento. A cada momento que não nos amoldamos a este mundo, a seus princípios e a seu pecado, vamos sendo renovados e nossa mente vai se tornando cada vez mais parecida com a de Cristo, levando-nos à boa, agradável e perfeita vontade de Deus para nossas vidas (Romanos 12.2).

Durante a santificação, somos continuamente auxiliados pelo Santo Espírito de Deus. A santificação é uma ação divina em nossas vidas e é o processo de nos desvencilharmos do domínio que o pecado tinha em nossas vidas. A oração no espírito, ou oração em línguas, é fator fundamental para esse processo, pois o Espírito Santo examina, sonda, conhece e prova nossos corações para que sejamos achados irrepreensíveis no Dia do Senhor.

Ao longo de nossa caminhada com Ele, começamos a entender qual a Sua vontade e Seu propósito para nossas vidas. Este entendimento também nos leva mais próximos de Deus e nos faz escolher coisas santas, coisas que provêm do Senhor. É natural que, conforme vemos quem Ele é e o que tem para nós, afastemo-nos daquilo que não Lhe agrada, aquilo que não está de acordo com Sua natureza. Este é o processo de santificação, é o dizer "não" para as coisas deste mundo passageiro e "sim" para as coisas do Reino eterno de Deus, aquilo que realmente permanecerá.

GLORIFICAÇÃO

Pois a nossa pátria está nos céus, de onde também aguardamos o Salvador, o Senhor Jesus Cristo, o qual transformará o nosso corpo de humilhação, para ser igual ao corpo da sua glória, segundo a eficácia do poder que ele tem de até subordinar a si todas as coisas. (Filipenses 3.20-21)

Glorificação é o estágio final de nossa salvação. Quando Jesus Cristo voltar, entraremos então nesse estágio e teremos nossos corpos glorificados, livres, de fato, de qualquer pecado ou imperfeição. Seremos feitos como Ele, como nosso Deus, no que diz respeito à moral, todavia, ninguém nunca se igualará a Ele. Nossos corpos estarão glorificados e não mais sujeitos às condições deste mundo. Não mais veremos enfermidades ou doenças. Não mais veremos a morte, pois nosso corpo torna-se imortal com a glorificação. Também teremos acesso a uma nova herança espiritual. O Céu se tornará nosso lar e atuaremos também no poder e na autoridade de Jesus, como coerdeiros do Seu Reino. Compartilharemos de Sua glória, assim como Paulo fala em Romanos 8.18 que "as aflições deste tempo presente não são para comparar com a glória que em nós há de ser revelada" (ACF).

A glorificação é o Dia em que teremos nossa plena redenção e libertação. É a obra de Deus que completará nossa salvação, fazendo-nos perfeitos para a viver eternamente na Sua presença em um corpo igual ao de Cristo.

Todo esse estudo sobre os efeitos da salvação serve para entendermos que Deus fez tudo de forma excelente, sem esquecer, nem perder nada, para nos garantir todas as ferramentas necessárias para vivermos uma vida plena n'Ele e com Ele. Através de Sua Palavra e Seu Espírito, o Senhor nos dá acesso a todo poder, sabedoria, revelação e recursos que precisaremos para viver a Sua vontade em nosso corpo, nossa alma e nosso espírito.

O mundo precisa ver uma Igreja saudável para que o nosso Deus seja conhecido e glorificado por todos os povos e nações. Eu creio que à medida que valorizarmos e cuidarmos mais de cada uma das nossas três partes, tendo Jesus como nosso modelo, veremos o Corpo de Cristo conquistando mais influência e autoridade dentro da sociedade, o que contribuirá diretamente para o estabelecimento do Reino de Deus na Terra.

Agora que esclarecemos quais são os efeitos da obra da cruz em nossa vida, vamos falar sobre como podemos ativar esses efeitos, de forma prática, em nossos corpos, almas e espíritos. Prepare-se para ter muitos paradigmas quebrados.

CAPÍTULO 4

VIVENDO PLENAMENTE

> O mesmo Deus da paz vos santifique em tudo; e o vosso espírito, alma e corpo sejam conservados íntegros e irrepreensíveis na vinda de nosso Senhor Jesus Cristo. (1 Tessalonicenses 5.23)

Acredito que todo mundo tem um *"Top* versículos favoritos da vida"*, aquela lista especial de passagens bíblicas que, em algum momento, serviram como chaves para destravar o nosso destino ou como combustível para nos fazer seguir em frente rumo aos sonhos de Deus. Eu mesma tenho uma lista das principais palavras que moldaram e ainda moldam minha vida até hoje. Frequentemente as revisito, medito sobre elas e as declaro sobre mim. Um desses versículos favoritos é 1 Tessalonicenses 5.23, pois foi ele que me despertou para viver uma vida santa diante do Senhor. É o verso que melhor esclarece o princípio de que é o nosso Deus de paz quem nos santifica, e não o nosso esforço. Essa revelação é essencial para sermos mais consagrados e mais santos em nosso caminhar. Nossas ações contam muito, mas só podemos alcançar a santificação por meio d'Ele. Contudo, o Senhor só pode trabalhar com aquilo que entregamos para Ele de acordo com o nosso livre arbítrio. Ele só pode santificar aquilo que confiamos em Suas mãos. Em outras palavras, o Seu fogo só pode descer quando há sacrifício, e, neste caso, os sacrifícios somos nós.

Rogo-vos, pois, irmãos, pelas misericórdias de Deus, que apresenteis o vosso corpo por sacrifício vivo, santo e agradável a Deus, que é o vosso culto racional. E não vos conformeis com este século, mas transformai-vos pela renovação da vossa mente, para que experimenteis qual seja a boa, agradável e perfeita vontade de Deus. (Romanos 12.1-2)

Essa passagem da carta de Paulo aos romanos mostra que devemos apresentar nossos corpos a Deus como sacrifício, o que precisa ser nosso culto racional. Isso quer dizer que nossa consagração deve ser radical, não dependendo da nossa vontade ou sentimentos, mas da fidelidade a um compromisso de obediência ao Senhor.

Portanto, se desejamos ser santificados, devemos nos entregar como ofertas voluntárias, santas e agradáveis a Deus. É sobre essa entrega racional que quero tratar neste capítulo. Antes de mergulharmos no assunto de como podemos consagrar corpo, alma e espírito, vamos entender algumas coisas que tentam nos impedir de fazê-lo.

Você já percebeu que, toda vez que nos propomos a buscar a Deus de maneira mais intencional e radical, alguma coisa aparece para tentar nos desanimar, tirar nosso foco, nos abalar emocionalmente e parar o embalo do nosso crescimento? Constantemente, pessoas vêm falar comigo a respeito de como não conseguem desenvolver o hábito de ler a Bíblia ou outras disciplinas espirituais, apesar de estarem realmente apaixonadas por Jesus. Elas compartilham que sentem um sono descomunal ou acham impossível ter prazer algum em ler a Palavra, orar ou adorar. Muitos jovens e adultos me perguntam sobre o que podem fazer para conseguir viver esse novo estilo de vida e estabelecer uma constância maior na presença do Senhor, pois se sentem como em meio a "zonas de guerra" depois que decidiram seguir a Jesus.

Precisamos ter a consciência de que Deus já nos tirou das trevas para nos conduzir à Sua maravilhosa luz (1 Pedro 2.9), o que significa que, quando prosseguimos em direção a Ele, apesar da resistência do Diabo, o império das trevas retrocede, porque a escuridão sempre recuará diante da luz. Devemos ter o entendimento de que maior é O que está em nós do que o que está no mundo (1 João 4.4).

Em Efésios 6, a Bíblia nos diz que nossa luta não é contra carne nem sangue, mas contra principados e potestades. Portanto, quando tomamos atitudes para nos desvencilhar do peso e do pecado, para assim nos consagramos ainda mais, muitas vezes experimentaremos oposição. Depois que nascemos de novo, estamos livres do domínio do pecado, pois Deus é nosso Senhor, mas ainda somos passíveis de sua influência, já que vivemos num mundo caído. E é dessa influência que nos afastamos ao termos uma vida comprometida com a consagração, limpeza, purificação e santificação.

Muitas vezes, não conseguimos viver uma vida que exalta o nome de Deus, porque ainda não nos desfizemos de hábitos antigos, que não somos capazes de reconhecer de tão enraizados que estão em nossas almas. Por isso, precisamos que o Espírito Santo venha nos confrontar e trazer à superfície as coisas que estão escondidas. Vivíamos debaixo do domínio do pecado, mas hoje, depois de nascidos de novo, vivemos debaixo do Senhorio de Cristo e assim passamos a ser transformados à Sua imagem e semelhança.

Acredito que nunca chegaremos ao ponto de estarmos com nossas almas tão curadas que não precisaremos de mais tratamento. Quanto mais perto de Deus chegamos, mais podemos reconhecer as áreas que precisam ser curadas e restauradas para, então, representarmos o Senhor e cumprirmos a Sua vontade de forma plena.

Algumas coisas que nos impedem de viver a plenitude de Deus para nossas vidas estão exatamente na falta de saúde em que nos encontramos. Se nossos corpos estão doentes, nossas almas feridas e repletas de ofensas, nossos espíritos enfraquecidos por não terem água viva e pão espiritual, não conseguiremos frutificar para Deus de maneira positiva e eficaz. Por isso, é tão importante que, ao mesmo tempo em que trabalhamos para que muitos saibam que Ele é Senhor, invistamos em quem somos e desenvolvamos nossa salvação com temor e tremor. A salvação é apenas o começo do nosso caminhar com Cristo. Ela vem pela graça e é a porta para o Reino de Deus. Agora, depois que entramos, devemos conquistar esse Reino de forma violenta e incansável. Vivemos os nossos dias acessando tudo aquilo que Jesus já nos fez disponível na cruz, fazendo "saques" dos recursos que estão acessíveis no Céu.

Na cruz, já temos toda a cura que precisamos. Mas minha pergunta é: nós temos realmente experimentado essa vida sem dor, doença ou enfermidade? Provavelmente a resposta seja "não". Por quê? Primeiro ponto, como já falado, vivemos em um mundo caído que sofre influência do mal. Segundo ponto, temos de acessar e aplicar essas bênçãos espirituais em nossas vidas continuamente. Quanto mais revelação temos do que foi pago e conquistado na cruz, em maior plenitude vivemos, pois ligamos na Terra aquilo que é celestial e desligamos aquilo que não é (Mateus 16.19).

Acredito que nossa falta de conhecimento aplicado em relação às coisas que vivemos esteja diretamente ligada ao nosso nível de plenitude. Mas também não nos basta ter informação se ela não está aplicada às questões e às áreas de nossas vidas. Porque quando conhecemos e colocamos em prática, transformamos e mudamos nossa realidade. Ao fazermos isso, trazemos crescimento e melhoria para nossas vidas. Quando adotamos essa técnica, fazemos com que as informações e o conhecimento que estão em nossa mente, em nosso cérebro, no âmbito racional, desçam ao nosso coração, à nossa alma, ao âmbito emocional. Essa conversão do racional às emoções nos leva a um maior nível de inteligência emocional e amadurecimento. Podemos dizer que temos conhecimento das coisas espirituais, mas quando temos revelação, tudo passa a fazer sentido. A revelação é o conhecimento vivo acerca das coisas do Reino. Vivo, porque ele recebeu o sopro do Espírito que vivifica.

Portanto, concluímos que o que mais nos impede de viver a totalidade do que Deus tem para nós, a vida em abundância que Ele nos disponibilizou, é, majoritariamente a falta de revelação e conhecimento aplicado às coisas que o Senhor tem nos falado e apresentado. Então, como adquirimos essa revelação e como utilizamos esse conhecimento?

Vamos segmentar nosso ser em espírito, alma e corpo, e olhar especificamente para cada um.

ESPÍRITO

Portanto, se fostes ressuscitados juntamente com Cristo, buscai as coisas lá do alto, onde Cristo vive, assentado à direita de Deus. Pensai nas coisas lá do alto, não nas que são aqui da terra; porque morrestes, e a vossa vida está oculta juntamente com Cristo, em Deus. (Colossenses 3.1-3)

Para desenvolvermos nosso espírito, precisamos alimentá-lo de coisas espirituais. Devemos buscar e pensar nas coisas do alto, do Reino de Deus. É necessário entendermos que somos peregrinos neste mundo, que estamos aqui apenas de passagem, e que pertencemos a um lar eterno e celestial. Ou seja, necessitamos ter uma mentalidade de eternidade que vai guiar nossos passos terrenos. Quando nosso espírito está bem alimentado das coisas eternas, ele fica mais sensível ao Espírito de Deus e ouve Suas direções e instruções do que temos de fazer enquanto ainda estamos em Terra, para que cumpramos com nosso chamado divino, que é o plano de Senhor sendo realizado em nossas vidas.

Muitas vezes, percebo que temos dificuldade de entender o que seria "nos alimentar" das coisas espirituais e pensar nas coisas do alto, mas o segredo para reconhecer a diferença está em Jesus. Ao analisarmos Sua vida, podemos notar que Ele sempre preservava um equilíbrio entre o receber e fazer em Sua rotina. A chave desse equilíbrio estava no fato que Cristo era seguro de Sua identidade de Filho amado.

Como já falei antes, uma vez que aceitamos Jesus como nosso Senhor e Salvador, somos novas criaturas, agora nascidas d'Ele. Então, recebemos o espírito da adoção que nos faz filhos de Deus. Essa identidade é inabalável, perfeita e plena, mas nossa revelação a respeito dela vai crescendo. O que muitas vezes acontece é que deixamos de nos posicionar debaixo do amor do Pai, então não ouvimos Sua afirmação sobre quem somos. O problema é que, quando isso ocorre, passamos a fazer as coisas de Deus a partir de uma realidade de órfãos, que nos convence de que devemos fazer alguma coisa para sermos aceitos e recebermos aplausos, sendo que tudo isso encontramos no Senhor, simplesmente por sermos Seus filhos. Assim, a base para um espírito pleno começa em viver na constante revelação da nossa identidade diante do Pai.

Outro ponto para analisarmos a respeito de Jesus é que Ele sempre Se retirava para estar com o Pai, para ter comunhão, para Se "recarregar", para Se alimentar de pão eterno. Isso nos diz que é impossível termos nossos espíritos guiando alma e corpo, se não nos conectarmos com Deus continuamente. Cristo tinha uma mente espiritual, porque estava constantemente conectado com o Pai e fazia somente aquilo que O via fazer. Depois de operar milagres (Marcos 1.35; Lucas 5.16), antes de tomar decisões, como a escolha dos apóstolos (Lucas 6.12), Jesus Se retirava para ter um tempo de solitude e oração. Ele sabia que somente seria capaz de cumprir a vontade do Pai se dedicasse tempo orando.

Outra prática que podemos analisar na vida de Cristo é o jejum. Em Lucas 4, vemos a passagem em que Ele é levado ao deserto e, então, é tentado por Satanás. No fim da tentação, o Diabo percebe que não conseguirá fazer Jesus cair, e se afasta. Depois disso, o Senhor é servido no deserto pelos anjos e, no versículo 14, lemos que Ele retorna à Galileia no **poder do Espírito**. Portanto, quando jejuamos, somos revestidos de poder do alto. Jesus também nos instrui em como fazer isso em Mateus 6.16-18.

O Senhor estava jejuando há 40 dias e venceu a tentação respondendo somente com a Palavra de Deus. O que nos leva a mais uma prática espiritual, que é a leitura da Bíblia.

Jesus conhecia muito bem as Escrituras, então, quando Satanás veio tentá-lO, em primeiro lugar, O Senhor não conversou com ele, mas simplesmente declarou a Palavra toda as vezes que o Inimigo tentava fazê-lO cair. Isso nos ensina que devemos estar tão cheios da Palavra de Deus que, quando o Diabo vier tentar nos oprimir, tudo o que deve sair de nós é a Bíblia. Com Satanás não se conversa, mas simplesmente se embraça o escudo da fé e se empunha a espada do Espírito, que são as Sagradas Escrituras (Efésios 6.13-17).

Outro aspecto da vida de Jesus que precisamos destacar é Seu posicionamento em relação às coisas do Reino de Deus. Em Mateus 21, versículos 12 e 13, O vemos com uma ira santa ao ver que aquelas pessoas tinham transformado o templo em um lugar para negócios. Ele não iria, de forma alguma, permitir que manchassem o santuário. Então, em nossas vidas, devemos ser pessoas posicionadas e apaixonadas pela causa do Reino. Nosso posicionamento deve estar sempre repleto de amor, mas não podemos nunca deixar de nos impor quando vemos algo que fere a imagem de nosso Deus, mesmo que nos custe muito, porque o que importa é que sejamos fiéis e leais ao Senhor e à Sua causa.

A última questão que quero que analisemos sobre as atitudes espirituais de Jesus é Seu amor ao próximo e Suas boas obras. Ele estava sempre pronto para amar o pecador, cuidar do perdido e curar os enfermos. Ao longo dos evangelhos, podemos vê-lO passando horas pregando, ensinando acerca do Reino, e sempre tendo tempo para expressar Seu amor pelo próximo. Apesar da sua disputada agenda, fazia questão de passar tempo com Seus discípulos, ensinando-os e tendo comunhão com eles.

Esses são apenas alguns pontos que podemos destacar da vida de Cristo para que desenvolvamos nossos espíritos. O que Deus Pai deseja é que estejamos tão conectados com Ele, fazendo tudo que o que Ele nos mostra, assim como Jesus fazia.

Eu já me vi várias vezes desejando fazer coisas para Deus, mas não conseguia, porque ainda não estava focando no meu espírito como deveria. A partir do momento que me disciplinei para me dedicar de forma mais excelente ao Senhor, pude ver uma intensificação na maneira como Ele me usava e uma maior clareza em como eu ouvia a Sua voz. Quanto mais nos consagramos a Deus, mais limpo nosso "canal de comunicação" fica e melhor conseguimos ouvir Sua voz e Sua direção. Basta que nos dediquemos a Ele, que batamos à porta para que ela se abra, que peçamos para recebermos e busquemos para que achemos. O desejo do Pai em falar conosco excede em muito a nossa vontade de ouvi-lO. Então, pense em quantas coisas maravilhosas, grandes e ocultas o Senhor não está esperando para nos anunciar (Jeremias 33.3) se nós simplesmente nos disciplinarmos, dedicarmos e clamarmos!

ALMA

Rogo-vos, pois, irmãos, pelas misericórdias de Deus, que apresenteis o vosso corpo por sacrifício vivo, santo e agradável a Deus, que é o vosso culto racional. E não vos conformeis com este século, mas transformai-vos pela renovação da vossa mente, para que experimenteis qual seja a boa, agradável e perfeita vontade de Deus. (Romanos 12.1-2)

Geralmente, a alma é a segunda área do ser humano que a Igreja se dedica a cuidar. Como já vimos, é na nossa alma que estão nossas vontades, nossos sentimentos e nossos pensamentos. Dentro disso, se encaixam nossas memórias, tanto boas quanto ruins, e são as emoções geradas por elas que guiam nossas reações, nossas percepções acerca de coisas que acontecem conosco, além de muitas de nossas escolhas.

Nossas memórias carregam a lembrança do que houve no passado com um sentimento conectado a elas. Esse "pacote" pode trazer para nós, por exemplo, sensações de aceitação ou de rejeição, de valorização ou de desvalorização, de alegria ou de tristeza, de dor ou de carinho, de segurança ou insegurança, entre diversas outras. Se essa área não estiver tratada e se nos movermos em reação aos acontecimentos traumáticos das nossas vidas, vamos viver de forma imatura e reativa. Vou dar um exemplo para você usando algo pessoal.

Quando eu tinha 7 anos, eu e minha família nos mudamos do Rio de Janeiro para São Paulo, devido à troca de emprego do meu pai. Depois, quando eu tinha 11 anos, nós nos mudamos de volta para o Rio pelo mesmo motivo. Aos meus 12 anos, retornamos a São Paulo, mais uma vez, devido ao trabalho do meu pai. Na época, não percebi isso, mas, por causa dessas mudanças, fechei-me emocionalmente, pois comecei a ter medo de mais uma vez criar raízes em um lugar e ter de sair de lá, perdendo aquelas amizades que tinha desenvolvido. Isso criou uma memória emocional em mim que, desde aquela fase, me deixou insegura para abrir meu coração e criar novos relacionamentos, uma vez que poderia perdê-los a qualquer momento. Depois disso, meu coração se fechou para qualquer tipo de rejeição, o que significava que eu também estava fechada para qualquer possibilidade de ser amada de verdade, já que, quando nos protegemos da dor, nos blindamos também de receber amor.

Nesse processo, eu me afastei de todos aqueles que poderiam me amar de forma saudável e pura. Fechei-

-me para minha família e para Deus. Realmente eu não experimentava rejeição de ninguém, porque a qualquer sinal "negativo" que alguém pudesse dar, já começava a me desconectar, como um mecanismo de defesa. Também não conseguia experimentar o amor e não era capaz de encontrar paz e segurança em simplesmente saber que era amada incondicionalmente por Deus.

Eu tive de tratar isso, se não, até hoje, estaria nesse padrão automático de rejeitar antes de ser rejeitada. Se eu não tivesse recebido a cura de Deus, não poderia estar construindo atualmente a família saudável na qual estou e pela qual me dedico diariamente. Sendo assim, a forma como permiti que Deus tratasse isso em mim, e que ainda permito que Ele faça, é me posicionando debaixo de Seu amor perfeito, que lança fora meus medos: rejeição, abandono e incerteza. Deus tem um lugar seguro para cada um de nós dentro d'Ele, dentro de Seu coração. Nós somente precisamos escolher nos abrir para que Ele venha nos tratar.

Outro ponto que também precisamos lidar quando tratamos de alma é o processo de cura e libertação. É muito importante deixar que Deus traga à superfície tudo o que é mau e que está oculto, para que, assim, possa nos curar. Quando quebramos as prisões espirituais que precisam ser quebradas (não entrarei aqui em detalhes, porque não temos tempo), devemos deixar o Senhor curar nossa alma e, então, nos encher do Seu Espírito Santo.

O último ponto que quero abordar aqui é que precisamos desenvolver o caráter de Cristo e o fruto do Espírito. Nós não podemos nos deixar ser moldados por este mundo, mas devemos ser transformados por meio da constante renovação da nossa mente. Este renovo se dá ao lermos a Palavra e ao permitirmos que ela nos leia de volta e, assim, nos transforme. Será, portanto, produzido em nós o caráter de Jesus, que lemos em Mateus 5.1-12, e também desenvolvido o fruto do Espírito, como está em Gálatas 5.22-23. Um cristão saudável manifesta mais a Deus do que um cristão quebrado que apenas prega, pois mais do que falar do Senhor, nós precisamos manifestá-lO.

CORPO

Por último, mas não menos importante, devemos tomar conta do nosso corpo físico, pois ele é o templo do Espírito Santo e o veículo que vai nos permitir cumprir nosso chamado aqui na Terra. Se Deus nos fez corpo, alma e espírito, existe um propósito nisso, e é importante que cresçamos nessa revelação de que também precisamos preservar nosso corpo físico para servi-lO plenamente.

Ao amadurecermos em Cristo, devemos nos afastar de todos os hábitos destrutivos que ameaçam a nossa saúde, como o alcoolismo, a dependência de drogas, o sedentarismo, a falta de descanso e, principalmente, a gula.

Eu sei que isso pode parecer meio agressivo, mas muitos de nós nos libertamos de muitos vícios, porém continuamos nos alimentando demais e, principalmente, de coisas que não nutrem nossos corpos. Comida é, sem sombra de dúvida, algo que une pessoas, porque promove comunhão. Nós não devemos, de forma alguma, perder o hábito de sentar à mesa e gastar tempo de qualidade uns com os outros. No entanto, acredito que, muitas vezes, "perdemos a mão" e descontamos toda nossa ansiedade, insegurança e tristeza na comida. Essa é a forma de preencher um vazio que somente Deus é capaz de preencher e curar, e por isso, é um excesso de gula que identificamos como pecado.

A nossa ótica sobre alimentação também deve ser guiada pelo Espírito Santo, ao permitirmos que Ele revele o que está por trás da forma como nos alimentamos. Não é sobre fazer dieta e comer salada, mas sobre ter uma transformação em nossa mente na forma como enxergamos a comida. Precisamos ter uma dieta equilibrada e saudável, que nutra nossos corpos e nos fortaleça para que cumpramos nossos chamados. Não é sobre nunca comer uma "besteirinha", mas sim sobre balancear e nutrir o corpo. Não é sobre ser magro, e muito menos sobre estar num padrão instituído pela sociedade, é sobre ser saudável. Deus deseja que tenhamos saúde plena em todas as áreas, inclusive em nosso corpo.

Quando nos alimentamos bem e nos exercitamos, consequentemente temos mais energia, mais foco, mais clareza de pensamento, mais força e mais ânimo para realizarmos nossos chamados divinos. Cuidar de nossos corpos tem a ver com o propósito de Deus, e não com atingir uma imagem estabelecida pela indústria de beleza – até porque a indústria estabelece padrões inalcançáveis, fazendo, dessa forma, girar seu motor e gerar lucro constante.

Quando eu falo sobre cuidarmos de nossos corpos, é sobre tratarmos com cuidado aquilo que nos foi presenteado por Deus. De maneira nenhuma quero tratar aqui de formas e tamanhos, mas desejo abordar a mentalidade, o cuidado e a saúde. Se Deus nos deu corpos, eu creio que Ele deseja que cuidemos bem deles, assim como cuidamos bem de tudo que Ele nos dá. Acredito também que, ao passo que nós, cristãos, entendermos o valor do cuidado com nossos corpos físicos, andaremos em maior plenitude, saúde, unidade e poder como Corpo de Cristo.

Por que estamos falando tanto sobre saúde e plenitude de corpo, alma e espírito? Porque quando permitimos que Deus nos trate por completo, em todas essas áreas, nós estamos dando liberdade para que Ele traga alinhamento à nossa forma de pensar, sentir, sonhar, nos relacionar e responder à Sua vontade. À medida que isso acontece, nós nos deparamos com uma perigosa e instigante revelação: a graça de Deus remove as nossas desculpas. É sobre essa verdade, sobre essa graça que nos basta e nos move, que falaremos nas próximas páginas.

CAPÍTULO 5

A GRAÇA REMOVE NOSSAS DESCULPAS

Então, ele me disse: "A minha graça te basta, porque o poder se aperfeiçoa na fraqueza". De boa vontade, pois, mais me gloriarei nas fraquezas, para que sobre mim repouse o poder de Cristo. (2 Coríntios 12.9)

Quando recebemos um toque de Deus, é natural e saudável que desejemos entregar tudo a Ele – e o Seu coração se agrada deste zelo. Porém, muitas vezes, no ímpeto de tentar agradá-lO, nossos papéis de filhos se invertem e buscamos fazer mais do que ser, mesmo que com o nobre intuito de cativá-lO com nossas ações. Procuramos viver para o Pai, mas, em algumas situações, ainda agimos a partir de uma posição de órfãos. Ele nos chama para simplesmente nos posicionarmos como Seus filhos e, assim, manifestar Sua luz, cura e amor.

Até eu, que nunca me coloquei em posição de fazer mais do que ser, deparei-me com essa realidade há pouco tempo em minha vida. Na hora, eu nem percebi, mas estava atuando muito mais de um lugar de serva obediente do que de filha obediente.

Em janeiro de 2016, tive meu primeiro filho, como já contei no primeiro capítulo. Depois que ele nasceu, continuei a viver como antes, primeiro porque me parecia o certo a se fazer, e eu também me sentia bem com isso. É claro que adaptei algumas coisas à nova rotina, mas continuei com meus afazeres e responsabilidades antigos. Eu me mantive ativa nas tarefas da minha igreja local, a Monte Sião, e do Dunamis Movement. Conseguia levar meu filho a todos os eventos e todas as reuniões, porque podia deixá-lo dormindo quando precisava, e assim segui por alguns meses. Depois de certo período, percebi que ele precisava passar mais tempo em casa, então adequei meus afazeres ao redor da rotina dele, assim como também havia pessoas que me ajudavam, ficando com ele em casa quando eu precisava sair à noite para reuniões e cultos. Tudo estava se encaixando e fluindo muito bem.

Logo depois, em agosto de 2017, nasceu meu segundo filho, Koa. Eu senti que deveria manter a mesma intensidade da minha rotina. Tanto eu quanto meu marido entendemos que estávamos em uma fase crucial para o futuro do nosso ministério e que não era tempo de pararmos, porque dessa maneira acabaríamos diminuindo o embalo de Deus para aquele momento. Eu me lembro de que nessa temporada cheguei a dar aulas em cursos de lideranças do Dunamis Movement com o Koa amarrado em mim num "canguru" (suporte para a mãe carregar o bebê junto ao corpo, que permite que os braços fiquem livres), já que não tinha com quem deixá-lo. Recordo-me também de, muitas vezes, ter de levá-lo comigo em agendas de pregação, porque ele dependia inteiramente de mim, uma vez que ainda era bebê e não pegava de jeito nenhum a mamadeira. Em diversas ocasiões, eu até queria deixá-lo com as avós, mas não podia, porque ele provavelmente não comeria nada sem mim. Porém, por mais louca que essa rotina possa parecer, eu me sentia bem e pronta para qualquer desafio, porque percebia a graça de Deus sobre mim para viver aquele tempo.

Só depois que o Koa completou quatro meses, senti o Senhor me abençoando para descansar e me dedicar mais ao cuidado dos meus filhos. Passei dois meses focada quase que integralmente neles, e foi um tempo muito bom para nós, como família, e também para que eu restaurasse minhas energias para uma nova fase.

Quando voltei desse período, retomei todas as minhas atividades normalmente. Sentia-me bem para encarar novos desafios, porém algo ainda estava errado. Conforme me readaptava à antiga rotina, tudo que antes era leve começou a ter um grande peso. Em questão de poucos meses, encontrei-me com cansaço acumulado e sentindo uma exaustão descomunal ao final do dia. Eu não estava entendendo por que os dias estavam parecendo mais curtos e pesados se a minha rotina era a mesma de antes.

Durante essa fase, era como se estivesse me afogando com as atividades e responsabilidades que me cercavam. E por mais que eu tentasse dar conta, mudando as estratégias, parecia que nada conseguia aliviar a terrível sensação de esgotamento. Cheguei a orar a Deus, compartilhando meu desapontamento de não estar mais conseguindo dar conta de tudo como antes. Certa vez, eu me lembro de dizer: "Deus, se eu parar agora, vou perder todo o embalo que criei com tanta dedicação no ano passado. Eu não posso reduzir a velocidade, senão vou travar o mover do que o Senhor está fazendo". Tinha a impressão de que seria desobediência da minha parte se eu ficasse parada no momento em que tudo e todos na minha vida estavam em movimento.

Porém, um dia, enquanto conversava com uma grande amiga, comecei a aceitar a ideia de que aquilo também poderia fazer parte do plano de Deus. Desabafei com ela e disse que estava disposta a dar uma pausa em tudo, mesmo que isso significasse que depois teria de começar tudo do zero. No momento em que terminei de desabafar, ouvi o Senhor dizendo: "Filha, nada nem ninguém neste mundo pode impedir aquilo que Eu tenho para realizar na sua vida". Nessas palavras, encontrei a paz, o descanso e o conforto que precisava para me permitir ser cuidada por Ele. Chorei muito, mas finalmente entendi o que Deus estava fazendo. Parei de me cobrar e decidi descansar nas Suas palavras.

A GRAÇA DE DEUS NOS BASTA

A partir disso, mergulhei no processo de me desvencilhar do orgulho e do "trabalho duro". Sabe, eu sempre entendi que não tinha problema em me sentir como uma filha amada, nem buscava fazer as coisas para isso, e era verdade. Mas me dei conta de que estava presa em um ciclo destrutivo. Eu queria tanto responder ao chamado d'Ele, que não ligava para meu cansaço, engolia qualquer dificuldade e ignorava meus limites – que, naquele ponto, já estavam bem distantes da minha vista. Percebi que tinha caído em uma cilada, por querer tanto obedecer ao propósito geral que o Senhor tinha para mim, não consegui seguir à Sua voz para aquela temporada específica. Eu acreditava que já sabia o que Deus queria que eu fizesse antes mesmo d'Ele me dizer. E, em meio a tudo isso, não O notava me dizendo: "Pare, filha. Descanse. Restaure-se. Continue ouvindo Minha voz e seguindo o que falo, assim nada poderá impedir Meus planos na sua vida".

Depois de tudo isso, entendi que, apesar de estar vivendo os embalos do mover de Deus, eu não estava operando debaixo de Sua graça, pois não estava fazendo aquilo que Ele havia me chamado para fazer naquela temporada. Quando agimos de acordo com uma Palavra de Deus, e no tempo certo, Ele nos dá graça e retaguarda para os nossos passos. Precisamos entender que o Seu tempo (*kairós*) é bem diferente do nosso (*chronos*). Não importa o quanto corremos em nosso tempo, porque quando entramos no tempo oportuno do Senhor, vemos coisas que levariam uma década de muito esforço para acontecer sendo realizadas em apenas um dia.

É importante entender que precisamos habitar no centro da vontade de Deus, porque é nela que encontramos Sua graça, que é suficiente. Ela é o poder que se aperfeiçoa em nossas fraquezas. Mas deixe-me explicar um pouco melhor sobre isso.

Em Romanos 1.16, o apóstolo Paulo afirma que não devemos nos envergonhar do Evangelho, porque ele é poder de Deus para salvar. Tal declaração é muito forte e radical, e Paulo a faz sem hesitar, de maneira bastante ousada. É importante sabermos que a palavra "evangelho", usada por ele na passagem citada, não era um termo comum naquela época, porque significava, no original do grego, "notícia quase que boa demais para ser verdade". Em outras palavras, ninguém fazia uso dessa expressão, porque ela se referia a uma novidade tão perfeita que era praticamente inacreditável. Mas é exatamente desse termo que Paulo faz uso para descrever as Boas Novas que Jesus trouxe ao mundo.

Neste versículo, o apóstolo expõe que não se envergonha dessa "notícia quase que boa demais para ser verdade", porque é exatamente este Evangelho que é o poder de Deus para nos salvar. É importante ressaltar que, tanto em Atos 20.24 quanto em Gálatas 1.6, vemos os autores usando alternadamente as palavras "evangelho" e "graça" como sinônimos. Então, basicamente, o que Paulo está dizendo em Romanos 1.16 é que, quando entendermos o Evangelho e a graça de Deus, experimentaremos um liberar do poder divino em nossas vidas que nos capacitará para acessar todas as coisas referentes à nossa salvação.

É por isso que lemos em 2 Coríntios 12.9 que a graça de Deus nos basta, porque é nela que encontramos esse poder para viver as Boas Novas. É por meio dela que somos capacitados para experimentar o Evangelho em sua plenitude. Ou seja, não somente recebemos nossa salvação de graça, mas é ela que nos empodera para o desdobrar da nova vida que Deus nos chamou para experimentar.

Mesmo o Evangelho sendo a mensagem fundamental do Novo Testamento e o culminar das promessas de Deus acerca do Messias, ele é muito mal compreendido. Creio que, ao entendermos profundamente o poder do Evangelho, viveremos de forma diferente, mais intencional e plena. Logo, não podemos permitir que o sistema religioso de leis entre em nosso complexo de crenças e distorça a pura e poderosa mensagem das Boas Novas.

Apesar de Paulo ter buscado registrar seus ensinamentos de forma simples, para que todos que tivessem contato com suas cartas pudessem compreendê--lo, acredito que nós mesmos conseguimos complicar o que ele descomplicou. Segundo o apóstolo, em Romanos 1.17, a justiça de Deus é revelada no Evangelho, de fé em fé, ou seja, a justiça de Deus não é expressa por meio da lei, nem através de nossas boas obras.

Portanto, a fé é o veículo para o dom da graça se achegar a nós. Disso podemos tirar a seguinte lição: não será o pecado que parará o poder de Deus para a salvação em nós, mas sim a nossa confiança em nossas próprias boas obras. Ou seja, acreditar que cumprir a lei é o que pode nos salvar elimina o agir da graça divina em nós. O Senhor nunca nos privará de Seu poder por causa de nossos pecados, porque é exatamente isso que nos capacita a vencê-los.

Precisamos entender que isso não é baratear o preço pago pela graça, porque a nossa justificação não vem de nenhuma outra maneira senão por ela, mediante a nossa fé n'Aquele que nos justifica. Pregar qualquer outra coisa diferente disso seria heresia. Todavia, baratear a graça seria tolice. A salvação vem pela fé, ela não tem nada a ver com a capacidade do homem de alcançá-la, mas com o misericordioso amor de Deus e o sacrifício de Jesus por nós.

Logo, o que temos de fazer não é convencer o mundo de seus pecados, mas sim pregar a eles sobre o poder do Evangelho e da graça de Deus, mostrando, através de nossas palavras e atitudes, que a única forma de vivermos perdoados, livres, amados, seguros, irrepreensíveis e justificados é depositando toda a nossa fé no que Cristo fez por nós. O mundo não precisa de mais julgamento e condenação. As pessoas só necessitam experimentar, através de nós, o amor, a verdade e a graça do Senhor manifestos poderosamente em suas vidas.

Diante disso, minha pergunta para nós é: onde estamos depositando nossa confiança? Precisamos constatar se estamos crendo mais no que fazemos para Ele ou no que Ele já fez por nós; se nossa fé está em nossa "santidade", de acordo com atos religiosos, ou no Único capaz de nos santificar. Porque, dependendo de onde está nossa fé, isso pode impedir nosso relacionamento com Deus e a atuação de Sua justificação em nossas vidas. Precisamos vigiar para que não nos encontremos como o fariseu da parábola de Lucas 18, que deixou de experimentar da graça divina porque estava com um coração duro e orgulhoso.

> Dois homens subiram ao templo com o propósito de orar: um, fariseu, e o outro, publicano. O fariseu, posto em pé, orava de si para si mesmo, desta forma: Ó Deus, graças te dou porque não sou como os demais homens, roubadores, injustos e adúlteros, nem ainda como este publicano; jejuo duas vezes por semana e dou o dízimo de tudo quanto ganho. O publicano, estando em pé, longe, não ousava nem ainda levantar os olhos ao céu, mas batia no peito, dizendo: Ó Deus, sê propício a mim, pecador! Digo-vos que este desceu justificado para sua casa, e não aquele; porque todo o que se exalta será humilhado; mas o que se humilha será exaltado. (Lucas 18.10-14)

Em sua busca por justificação, através do cumprimento da lei, aquele fariseu teve sua percepção de justiça distorcida pela religiosidade, o que fez com que ele achasse que suas obras e conhecimento lhe garantiriam a justificação. Devemos sempre ser como o publicano que, com um coração humilde, reconheceu a santidade de Deus e clamou para receber de Sua graça e misericórdia. Esse homem se posicionou de maneira correta e justa diante do Senhor, o Único que é capaz de nos justificar e santificar.

Em Romanos 9, Paulo fala sobre a justificação pela fé e a justificação pela lei, que viria pela nossa própria justiça, ou seja, nosso trabalho duro de nos aproximarmos da perfeição ao cumprir com toda a lei e não errar em nada. Porém, nós sabemos que ninguém é capaz de fazer isso, assim como lemos em Isaías 64.6, que "todas as nossas justiças são como trapo da imundícia" (NAA); e em Tiago 2.10, que diz que se cumprirmos a lei, mas tropeçarmos em um ponto que seja, somos então culpados de tê-la quebrado por completo. Ou seja, se errarmos em somente uma coisa, pela lei da justiça própria, nos tornamos injustos.

Tudo isso nos leva à conclusão absoluta de que nunca seremos aptos a alcançar a justificação por nossas próprias forças, mas somente se colocarmos nossa fé em Jesus. E mesmo que tenhamos feito tudo de errado, se reconhecermos, nos humilharmos, nos arrependermos e nos achegarmos a Ele, seremos justificados.

Talvez seja imperceptível, mas é muito comum buscarmos nos autojustificar por meio do que fazemos. Mas como podemos identificar esse comportamento? Uma forma bem simples é se, em nossa caminhada com Cristo, pensamos muito mais em "pode" e "não pode", do que em "isso agrada o coração do meu Senhor?".

Sendo assim, não devemos buscar merecer aquilo que Deus já nos deu como um dom, como um presente.

Nem a obra mais nobre que algum dia possamos realizar é capaz de nos tornar merecedores, porque, como já disse, não tem a ver com o que podemos fazer, mas com quem Ele é e o que Ele já fez por nós.

Parece até agressivo, mas é preciso compreender que não somos melhores do que ninguém, nem do que aquela pessoa que está no mundo, perdida, sem Cristo em seu coração, vivendo em pecado e confusão. A única coisa que nos diferencia dela é que reconhecemos o estado em que estávamos e dissemos "sim" para a obra redentora de Jesus. Contudo, é necessário que diariamente andemos na revelação de que o Evangelho e a graça de Deus são os poderes em nós, e não o que podemos fazer de certo perante a lei.

As obras que realizamos cooperam para o nosso bem e para o de nossos relacionamentos no dia a dia, mas elas não alteram o amor do Senhor por nós, nem Sua graça atuante em cada um, pois todos pecamos e carecemos da glória de Deus (Romanos 3.23). Esse é justamente o poder do Evangelho, compreender que todos precisamos de um Salvador. Ele já Se deu por nós e o que nos cabe a fazer é depositar nossa fé no amor que é mais forte do que a morte, e, assim, receber de graça Sua salvação.

A única coisa que precisamos fazer para sermos aceitos é crer. O justo vive pela fé (Hebreus 10.38). O sacrifício de Jesus foi e continua sendo totalmente suficiente, Ele já pagou por tudo. É pela graça, e não pelas obras, porque, se fosse pelo fruto do nosso trabalho, a graça não seria graça, um favor imerecido, assim como Paulo ensina em Romanos 11.

E, se é pela graça, já não é pelas obras; do contrário, a graça já não é graça. (Romanos 11.6)

É preciso uma revelação sobrenatural do Espírito Santo para que sejamos capazes de compreender e absorver isso. Porém, uma vez que entendemos a graça, ela transforma completamente a maneira como enxergamos a Deus e a nós mesmos, o jeito que nos relacionamos com Ele, os processos pelos quais passamos e a forma como recebemos do Senhor tudo que precisamos para viver plenamente. Jamais podemos esquecer que o Evangelho é o poder de Deus suficiente para salvar inteiramente e fazer valer cada gota de sangue derramada por Cristo na Cruz.

Eu creio fortemente que, uma vez que realmente aprendermos acerca da essência da graça de Deus e vivermos debaixo desse entendimento, isso é o que nos libertará do pecado, e não o que nos liberará para pecar. A compreensão plena da graça cria em nós um desejo por viver uma vida santa diante do Senhor, além de nos levar para perto d'Ele. E, nessa jornada, nosso maior anseio deve ser nos tornar cada vez mais parecidos com Deus. Somos levados a servi-lO por amor, de forma mais firme, forte e constante do que jamais poderíamos conseguir por meio do legalismo. A verdade que conhecemos é o que nos liberta, e Jesus é a Verdade. Ou seja, conhecê-lO é o que nos torna livres, porque é Ele quem faz o que jamais conseguiríamos fazer por nós mesmos.

Além disso, a graça nos livra de qualquer ativismo e, ao mesmo tempo, acaba com todas as nossas desculpas para não responder ao Senhor em obediência. Ter a revelação da graça em nós é o poder para vivermos em santidade diante d'Ele e representá-lO de forma digna e poderosa na sociedade. O poder de Deus em nós nos capacita a andar de maneira abundante e frutífera, levando uma vida que marca este mundo eternamente e direciona as pessoas ao Único capaz de salvá-las. Nossos frutos, apesar de não serem capazes de nos justificar, têm o poder, todavia, de apontar para Jesus. É isso que devemos ser: um sinal do que Ele pode fazer por todos os que n'Ele crerem.

O PODER DA GRATIDÃO

Compreender o valor dessa maravilhosa graça nos leva a uma profunda gratidão. Deus não precisava fazer nada, nem derramar Seu amor por nós, mas mesmo assim o fez. Isso é praticamente inconcebível, mas, Ele fez. E continua fazendo todos os nossos dias, basta nos posicionarmos de forma a notar e receber Sua graça, Sua bondade e Seu amor para conosco.

Quando medito no que Jesus fez por nós e faz continuamente, meu coração transborda de gratidão. Este estado é a chave para vivermos uma vida contente enquanto esperamos o retorno do nosso Amado. Em 1 Tessalonicenses 5.16-19, vemos a conexão entre nos alegrarmos sempre, orarmos sem cessar e darmos graças em tudo. A alegria é conectada às orações e à gratidão, e essa é a vontade de Deus, em Cristo Jesus, para nós. Colossenses 3.15 também nos chama a sermos agradecidos.

Todos os dias são um novo convite a entrarmos por Suas portas com ações de graça e experimentarmos da Sua bondade, misericórdia e fidelidade.

> Entrai por suas portas com ações de graças e nos seus átrios, com hinos de louvor; rendei-lhe graças e bendizei-lhe o nome. Porque o Senhor é bom, a sua misericórdia dura para sempre, e, de geração em geração, a sua fidelidade. (Salmos 100.4-5)

Essa atitude de gratidão faz com que enxerguemos tudo com a perspectiva de vitória, pois reconhecemos Seu caráter imutável e isso confirma, então, que Ele, de fato, já venceu o mundo. Portanto, não precisamos nos preocupar, mesmo em meio às aflições, porque n'Ele já somos vencedores.

A gratidão também precede o sobrenatural de Deus em nossas vidas. Em João 6, na história da multiplicação dos cinco pães e dois peixes, percebemos que, antes de o milagre acontecer, Jesus ergueu Seus olhos ao Céu, tirou Sua atenção do problema temporário e da circunstância terrena, ganhou perspectiva eterna e deu graças. Somente após ter expressado gratidão foi que Ele deu os pães aos discípulos. Ele estava ensinando o poder de sermos gratos, mesmo antes de ver o agir sobrenatural.

No livro de Lamentações, vemos outra grande lição sobre agradecermos por tudo de bom que já vivemos, mesmo antes de acontecer:

> **Quero trazer à memória o que me pode dar esperança.** As misericórdias do Senhor são a causa de não sermos consumidos, porque as suas misericórdias não têm fim; renovam-se cada manhã. Grande é a tua fidelidade. A minha porção é o Senhor, diz a minha alma; portanto, esperarei nele. Bom é o Senhor para os que esperam por ele, para a alma que o busca. (Lamentações 3.21-25 – grifo da autora)

Ao nos lembrarmos dos grandes feitos do Senhor, também nos recordamos de quem Ele é, e isso nos traz esperança. Como está em Colossenses 1.27, a esperança é Cristo em nós. Tudo sempre volta para a maravilhosa obra da Cruz. Nada nunca poderá se comparar com tamanho amor e entrega. E essa gratidão por quem Ele é e pelo que fez nos move a viver, de forma frutífera, uma vida que aponta para Jesus e direciona os perdidos para a salvação e para serem abundantes e eternos n'Ele!

CAPÍTULO 6

A FRUTIFICAÇÃO EM NÓS E ATRAVÉS DE NÓS

Não me escolhestes vós a mim, mas eu vos escolhi a vós, e vos nomeei, para que vades e deis fruto, e o vosso fruto permaneça; a fim de que tudo quanto em meu nome pedirdes ao Pai ele vo-lo conceda. (João 15.16 – ACF)

Podemos constatar que, desde o princípio, quando Deus nos escolheu, Ele também nos designou para que frutificássemos. Ou seja, frutificação é o propósito inicial do Senhor em nossas vidas. E para que isso seja possível, em João 15.16, Jesus fala que tudo o que pedirmos ao Pai, em Seu nome, Ele nos concederá. Porém, é muito importante entendermos que Cristo nos escolheu para darmos frutos de acordo com o que é celestial, assim como Ele é. Uma vez que Deus nos escolhe e nos destina a fazer algo, é essencial compreendermos que a essência desses frutos vem de acordo com a Sua natureza. Exatamente por esse motivo, quando pedimos ao Pai para que esses frutos brotem de nossas vidas, consequentemente, tudo estará igualmente alinhado com Seu caráter.

Mas o que geralmente acontece é: ou pendemos para o lado de pedir de acordo com o anseio de nossos corações, esperando que o Senhor os cumpra como o gênio da lâmpada, ou pendemos para o outro, no qual temos medo de pedir qualquer coisa, porque Ele é Deus soberano e sentimos como se não tivéssemos o direito de desejar algo d'Ele. Quem nunca se encontrou nessa mesma situação, com dúvida a respeito da vontade divina e, às vezes, até dividido entre um extremo e outro? Em razão dessa dúvida, é necessário absorvermos o que Ele quis dizer com o versículo citado de João 15, para que possamos compreender tudo o que o próprio Senhor deseja e espera de nós.

Sendo assim, o ponto básico que devemos entender é o que falei logo no primeiro parágrafo deste capítulo: Jesus nos escolheu para darmos frutos. Em outras palavras, mesmo que a Cruz seja suficiente, o que, de fato, ela é, não podemos acreditar que, por conta dessa revelação, não precisamos fazer mais nada.

Quando entendemos o quanto a graça custou para nosso Senhor, é impossível levarmos um estilo de vida que a desmereça ou barateie. Sim, nós recebemos d'Ele a redenção de graça, mas isso Lhe custou tudo, Sua própria vida. Logo, concluímos que ela é, na realidade, algo muito caro e valioso, mas que para nós não teve custo algum. E a resposta esperada de nós são os frutos que daremos – frutos que permaneçam, alcancem, toquem e transformem pessoas, estabelecendo o Reino eterno do nosso Senhor no mundo em que vivemos.

Deus não espera que, após recebermos a salvação, fiquemos parados aguardando o dia em que Ele nos levará de volta para estar Consigo. Tenho plena convicção de que Ele tem grandes expectativas de ver e acompanhar Seu poder em tudo o que faremos em Seu nome ainda na Terra, com o intuito de que nenhum pereça. Se não fosse assim, Cristo não teria falado que nós faríamos obras maiores que as que Ele fez em Seu ministério, como está escrito em João 14:

> Na verdade, na verdade vos digo que aquele que crê em mim também fará as obras que eu faço e as fará maiores do que estas, porque eu vou para meu Pai. E tudo quanto pedirdes em meu nome, eu o farei, para que o Pai seja glorificado no Filho. Se pedirdes alguma coisa em meu nome, eu o farei. (João 14.12-14 – ARC)

Quando Jesus diz que faremos obras maiores, Ele não afirma que iremos superá-lO em valor, significado ou "qualidade" de milagres, sinais e maravilhas. Na verdade, essas palavras querem dizer que, assim como Ele frutificou como homem neste mundo corrompido, todos nós que n'Ele cremos também frutificaremos pelos quatro cantos da Terra, de geração em geração, até a Sua volta. Seu plano, com essa declaração, é nos encorajar a tomar esse encargo e propagar Suas obras. É essencial entendermos que, para andar nos milagres que Deus quer fazer através de nossas vidas, é necessário sermos alvo dos impactos dessa palavra de Jesus sobre nós. Portanto, creio que podemos olhar essa promessa pela perspectiva de que Deus não quer apenas nos satisfazer ao recebermos Suas bênçãos, mas Ele deseja que nos posicionemos de forma a ver o "ainda mais" em nossas vidas, através de Seu agir. O que quero dizer com isso? Ele não nos chama simplesmente para produzirmos cada vez mais, mas sim para pedirmos e crermos que Ele fará "infinitamente mais do que tudo quanto pedimos ou pensamos" (Efésios 3.20). Nós somos chamados para posicionarmos nossos corações de forma a receber e atuar no avanço do Seu Reino.

É aí que se encaixa a segunda parte do versículo, que diz que devemos **pedir ao Pai**, exatamente porque os frutos que Ele deseja que demos não são alcançáveis por esforço ou dedicação humanos. Eles são "frutos que permanecem" justamente em razão de terem sua natureza oriunda no Deus eterno. Portanto, conforme frutificamos, pedindo ao Pai, em nome de Jesus, nossos frutos passam a ser eternos.

Cristo já esperava que, como filhos, pedíssemos coisas ao Pai. Logo, Ele previamente nos instruiu a fazê-lo. Jesus afirmou que realizaríamos obras maiores que as Suas, e isso só seria possível se dependêssemos do Senhor para que Sua vontade fosse feita de maneira sobrenatural na Terra, assim como é no Céu. Então, quando pedimos algo no nome de Jesus, levamos glória ao Pai através do Filho.

Para compreendermos melhor a importância de frutificarmos baseados na vontade de Deus, vamos analisar uma parábola que considero muito importante no que diz respeito ao nosso caminhar com Cristo: a parábola das dez virgens.

> Então, o reino dos céus será semelhante a dez virgens que, tomando as suas lâmpadas, saíram a encontrar-se com o noivo. Cinco dentre elas eram néscias, e cinco, prudentes. As néscias, ao tomarem as suas lâmpadas, não levaram azeite consigo; no entanto, as prudentes, além das

lâmpadas, levaram azeite nas vasilhas. E, tardando o noivo, foram todas tomadas de sono e adormeceram. Mas, à meia--noite, ouviu-se um grito: Eis o noivo! Saí ao seu encontro! Então, se levantaram todas aquelas virgens e prepararam as suas lâmpadas. E as néscias disseram às prudentes: Dai--nos do vosso azeite, porque as nossas lâmpadas estão-se apagando. Mas as prudentes responderam: Não, para que não nos falte a nós e a vós outras! Ide, antes, aos que o vendem e comprai-o. E, saindo elas para comprar, chegou o noivo, e as que estavam apercebidas entraram com ele para as bodas; e fechou-se a porta. Mais tarde, chegaram as virgens néscias, clamando: Senhor, senhor, abre-nos a porta! Mas ele respondeu: Em verdade vos digo que não vos conheço. Vigiai, pois, porque não sabeis o dia nem a hora. (Mateus 25.1-13)

Sei que geralmente lemos essa passagem pensando que precisamos estar sempre prontos e vigilantes para o retorno do nosso Senhor, com nosso "tanque espiritual" cheio. Mas te convido a analisar de um novo ângulo. Nesta história, vemos que o Noivo esperava que as virgens estivessem prontas, não apenas com a quantidade de óleo suficiente para aguardar pelo tempo que consideravam que seria necessário, mas para ir além se fosse preciso. Jesus, nosso Noivo, anseia que sejamos tão prudentes quanto as cinco virgens que entraram com o Amado para as bodas.

Gostaria de sugerir que comparássemos o óleo da parábola aos nossos frutos. Aquelas virgens não estavam pensando somente no suficiente, mas na abundância. Ou seja, não ansiavam poucos frutos, algo que "dê para o gasto", mas tantos que manteriam o fogo do Espírito queimando até que o Noivo chegasse. Encarando dessa forma, precisamos frutificar, e muito, antes que Ele venha nos buscar. A hora de darmos frutos é antes que Ele venha nos encontrar. E não só o suficiente, mas muitos frutos que perdurem, permaneçam, sejam eternos e carreguem o poder atuante do Espírito de Deus. O Senhor quer que estejamos tão cheios d'Ele e de Seus frutos, que nossas lâmpadas nunca deixarão de queimar.

A respeito desse assunto, outra parábola que acredito ser importante para analisarmos e mantermos em nossos corações é a dos talentos, ela vem logo após a parábola das virgens, em Mateus 25:

> Pois será como um homem que, ausentando-se do país, chamou os seus servos e lhes confiou os seus bens. A um deu cinco talentos, a outro, dois e a outro, um, a cada um segundo a sua própria capacidade; e, então, partiu. O que recebera cinco talentos saiu imediatamente a negociar com eles e ganhou outros cinco. Do mesmo modo, o que recebera dois ganhou outros dois. Mas o que recebera um, saindo, abriu uma cova e escondeu o dinheiro do seu senhor. Depois de muito tempo, voltou o senhor daqueles servos e ajustou contas com eles. Então, aproximando-se o que recebera cinco talentos, entregou outros cinco, dizendo: Senhor, confiaste-me cinco talentos; eis aqui outros cinco

~ 112 ~

talentos que ganhei. Disse-lhe o senhor: Muito bem, servo bom e fiel; foste fiel no pouco, sobre o muito te colocarei; entra no gozo do teu senhor. E, aproximando-se também o que recebera dois talentos, disse: Senhor, dois talentos me confiaste; aqui tens outros dois que ganhei. Disse-lhe o senhor: Muito bem, servo bom e fiel; foste fiel no pouco, sobre o muito te colocarei; entra no gozo do teu senhor. Chegando, por fim, o que recebera um talento, disse: Senhor, sabendo que és homem severo, que ceifas onde não semeaste e ajuntas onde não espalhaste, receoso, escondi na terra o teu talento; aqui tens o que é teu. Respondeu-lhe, porém, o senhor: Servo mau e negligente, sabias que ceifo onde não semeei e ajunto onde não espalhei? Cumpria, portanto, que entregasses o meu dinheiro aos banqueiros, e eu, ao voltar, receberia com juros o que é meu. Tirai-lhe, pois, o talento e dai-o ao que tem dez. Porque a todo o que tem se lhe dará, e terá em abundância; mas ao que não tem, até o que tem lhe será tirado. E o servo inútil, lançai-o para fora, nas trevas. Ali haverá choro e ranger de dentes. (Mateus 25.14-30)

Essa parábola nos traz muito o temor do Senhor. E quando falo temor é importante diferenciarmos de medo, porque medo paralisa, mas o temor do Senhor nos movimenta e nos guia até a sabedoria. Temor é uma reverência tremenda à santidade de Sua Majestade, o que nos leva a respeitá-lO profundamente, conhecer Sua vontade e obedecê-lO. Temer a Deus nos direciona a um estilo de vida que, voluntariamente e constantemente, busca agradá-lO. Nós aprendemos a cuidar daquilo que é d'Ele como se realmente fosse nosso, porque desejamos alegrar Seu coração.

Na parábola dos talentos, notamos que o senhor da história espera que seus servos multipliquem o que ele lhes havia confiado, o que seria resultado natural de uma boa mordomia. Contudo, para o patrão daqueles homens, boa mordomia não se tratava de uma questão de quantidade, mas sim de senso de propriedade com os talentos, e de responsabilidade para se dedicar a multiplicá-los.

Além disso, o fato de essas duas parábolas serem registradas uma seguida da outra é uma dica do Senhor para nos mantermos sempre atentos, esperando ansiosamente a Sua volta e cuidando de Seus negócios como se fossem nossos. Se nós desejamos frutificar para Deus e Seu Reino, é necessário cultivarmos esse senso de propriedade, para que façamos com aquilo que nos foi dado o que o próprio dono faria.

Deus nos chama para expandirmos Seu Reino, mas só poderemos fazer isso conforme geramos frutos de acordo com Sua natureza. Ele anseia ver cada um de nós, Seus filhos, cuidando bem do que nos foi confiado, ou seja, multiplicando Seus bens. Afinal, tudo o que é saudável, cresce. Então, devemos nos esforçar para fazer com que as coisas do Senhor cresçam, desenvolvendo ainda mais aquilo que Ele já colocou em nossas mãos, mas, dependendo completamente d'Ele para que essa frutificação sobrenatural aconteça em nós e através de nós.

FRUTIFICAÇÃO EM NÓS

É comum que, logo que nos convertemos, tenhamos vontade de salvar o mundo. Isso é a expressão de um coração ansioso em responder ao chamado de Deus. Esse desejo é totalmente válido e saudável. Mas, falando por mim mesma, muitas vezes chegamos tão quebrados ao Pai que é melhor permitirmos que Ele cuide um pouco de nós antes de querer transformar o mundo, porque um cristão saudável e tratado produz uma mudança muito mais sustentável e impactante à sociedade.

Entenda! De forma alguma estou dizendo que devemos estar em condição perfeita antes de falarmos de Jesus e de nos movermos no sobrenatural. Deus não coloca obstáculos para fluirmos no Espírito, afinal é Ele quem faz o principal. Mas o que estou abordando aqui é a sustentabilidade dos frutos, já que nossas vidas dão testemunho de quem Ele é.

Logo que eu voltei para os caminhos do Senhor, queria falar para todo o mundo sobre o que Ele tinha feito em mim. Eu desejava que todos experimentassem aquilo também. Mas o ponto é que eu ainda estava tão quebrada que minhas atitudes não falavam tanto de Deus quanto minhas palavras. Ainda caía em alguns pecados que acabavam por descredibilizar meu discurso. Isso se mostrava incoerente, uma vez que a criação aguarda ansiosamente que nos manifestemos como filhos de Deus, ou seja, que expressemos quem Ele é em quem somos. Assim, podemos entender que a criação não aguarda nossa pregação, mas a nossa manifestação. Então, muito mais importante do que falarmos é estarmos curados e maduros em Cristo para revelar Deus e Seu caráter em tudo o que fizermos. Faz sentido?

Com o passar do tempo, fui percebendo que o fruto do Espírito desenvolvido e manifesto através de mim era a prova mais real de que Deus existia. As evidências de uma vida com o Senhor eram mais convincentes do que qualquer argumento.

Novamente, gostaria de reforçar que não precisamos ter nossas almas plenamente tratadas para nos relacionar com Deus e ser canal de Seu poder. Contudo, isso não pode ser uma desculpa para não nos aperfeiçoarmos. Quanto mais saudáveis nos tornamos, melhor O representamos. Quanto mais eu me achegava a Ele, mais eu era transformada. E à medida que isso acontecia, as pessoas tinham curiosidade de saber o que tinha acontecido comigo, porque eu não era mais a mesma pessoa. Já não me irritava tão facilmente, era alegre, e estava me tornando cada vez mais compassiva, amorosa e cuidadosa com o próximo. De forma naturalmente sobrenatural, o fruto do Espírito começou a brotar de mim, porque Cristo estava sendo gerado em minha vida.

Assim, podemos concluir que o fruto mais poderoso que podemos ter é o próprio Jesus sendo formado em nós. Seu caráter começa a se manifestar e percebemos que nossas respostas às dificuldades e a maneira com que lidamos com a vida estão diferentes, pois são moldadas a partir dos princípios do Reino de Deus.

> O propósito é que não sejamos mais como crianças, levados de um lado para outro pelas ondas, nem jogados para cá e para lá por todo vento de doutrina e pela astúcia e esperteza de homens que induzem ao erro. Antes, seguindo a verdade em amor, cresçamos em tudo naquele que é a cabeça, Cristo.
> (Efésios 4.14-15 – NVI)

O desejo do coração do Pai não é que sejamos para sempre como crianças, à mercê das ondas, sendo jogados de um lado para o outro por não termos maturidade em Jesus e por não conhecermos as Escrituras. Ele espera que cresçamos em Cristo, para agirmos como Ele agiria. O anseio do Senhor é que nos desenvolvamos em sabedoria, estatura e graça, assim como Jesus (Lucas 2.52). Sua vontade é que Seus filhos evoluam e passem a instruir outros, em vez de continuar se alimentando sempre no leite, sem conseguir ingerir comida sólida (Hebreus 5.12).

Deus sofre quando não amadurecemos, Seu coração se entristece quando vê que Seus filhos permanecem na infantilidade, que não se desenvolvem de maneira saudável. E isso acontece simplesmente por não irmos atrás d'Aquele que é capaz de nos fazer crescer. Se passarmos tempo com o Senhor, Ele será formado em nós e, assim, daremos frutos que falem de Seu caráter. Desse modo, algo incrível começa a acontecer ao nosso redor conforme somos transformados à imagem e semelhança de Deus.

O Pai deseja tanto que amadureçamos que faz com que tudo coopere para esse propósito. Muitas vezes, lemos Romanos 8.28 pensando somente que Deus não desperdiça nada e transforma as coisas para o nosso bem. Mas Ele também faz com que todas as circunstâncias pelas quais passamos trabalhem na formação de Cristo em nós, levando-nos a desenvolver Seu caráter. O propósito divino é que cresçamos em qualidade, o que, por consequência, gera unidade e quantidade. E é disso que vou falar no próximo tópico.

FRUTIFICAÇÃO ATRAVÉS DE NÓS

Uma vez que permitimos que Cristo seja moldado em nós, impactando tudo em nosso ser, é possível ver os frutos através de nós. Quando olhamos para uma macieira, é notável que ela não se esforça para produzir maçãs, e, também, que ela não produz mangas. Isso se dá exclusivamente pelo fato de que aquela árvore é uma macieira e produzirá apenas de acordo com sua espécie. Podemos ver esse princípio em Gênesis 1, que relata que Deus ordenou a cada ser vivo que produzisse frutos e outros seres conforme as suas espécies. Ou seja, somos capazes de gerar somente de acordo com a nossa natureza. E ela originalmente é celestial, ou seja, à imagem e semelhança do nosso Criador.

Antes da queda do Homem, o desejo de Deus era ter uma família com muitos filhos à Sua imagem, como Jesus, em Sua plenitude (Gênesis 1.27). Porém, assim que o pecado entrou, a criação passou a ser à imagem de um homem caído, Adão, como lemos em Gênesis 5.3: "E Adão [...] Gerou um filho à sua semelhança, conforme a sua imagem, e chamou o seu nome Sete".

Diante disso, Deus faz um novo plano para que possamos ter nossa identidade e natureza reestabelecidas: Ele envia Jesus para ser o sacrifício final e suficiente. Agora, apenas através de Cristo, podemos conhecer a nossa verdadeira natureza e, novamente, nos tornarmos à imagem e semelhança do Pai.

Nós já vimos que todo aquele que confessa que Jesus é Senhor e que crê que o Pai O ressuscitou dos mortos é nascido de novo, gerado d'Ele. Portanto, se somos nascidos outra vez, somos novas criaturas, filhos de Deus. Assim, nossos frutos passam a carregar a nossa nova espécie. Mas quais são os efeitos desses frutos ao nosso redor?

Quando Cristo é formado em nós, um dos resultados é o fruto da unidade dentro da Igreja, conforme crescemos em "qualidade". Em outras palavras, à medida que amadurecemos, nos tornamos parecidos com nosso Criador. Enquanto desenvolvemos Suas qualidades em nós, através de nossa consagração e do trabalho do Espírito Santo em cada um, causamos impacto positivo à nossa volta. Nesse processo, geramos maior unidade dentro da Igreja.

> [...] Com vistas ao aperfeiçoamento dos santos para o desempenho do seu serviço, para a edificação do corpo de Cristo, até que todos cheguemos à unidade da fé e do pleno conhecimento do Filho de Deus, à perfeita varonilidade, à medida da estatura da plenitude de Cristo. (Efésios 4.12-13)

A palavra aperfeiçoamento em seu original (grego) é *katartismos*, que significa adaptação, preparação, treinamento, tornar completamente qualificado para o serviço. A Bíblia de Estudo Plenitude explica da seguinte forma: "Na linguagem clássica, a palavra é usada para o ato de fixar um osso durante uma cirurgia. O Grande Médico agora está fazendo todos os ajustes necessários para que a Igreja não fique 'deslocada'".[1]

Contudo, chegamos à conclusão de que esse aperfeiçoamento faz com que a totalidade da Igreja seja reparada, e seu funcionamento, restaurado. Por esse motivo, a preparação dos santos é tão importante,

---

[1] **Bíblia de Estudo Plenitude**. Palavra-chave 4.12 "aperfeiçoamento". São Paulo: SBB, 2015, p. 1344.

pois ela reconstrói o Corpo de Cristo e trabalha para a unidade da Igreja que será encontrada "[...] gloriosa, sem mácula, nem ruga, nem coisa semelhante, mas santa e irrepreensível" (Efésios 5.27).

Somos membros de um mesmo Corpo, o Corpo de Cristo. Ou seja, investir em nós separadamente significa, também, investir no Corpo como um todo. E quanto mais a Igreja é aprimorada, melhor ela representará o Senhor. Então, o outro impacto causado pelos frutos é um aumento na quantidade dos filhos e filhas do Deus Vivo.

Quanto maior e mais saudável a Igreja for, mais Cristo será compartilhado através de nós. O objetivo de nos parecermos cada vez mais com Ele é para que Jesus seja revelado e glorificado através de nós. Que honra é poder ser a representação do Rei dos reis na Terra. Por isso, precisamos desenvolver nossa salvação com temor e tremor, crescendo e amadurecendo a cada dia, para que Ele apareça por meio de nossas vidas.

> [...] a fim de que todos sejam um; e como és tu, ó Pai, em mim e eu em ti, também sejam eles em nós; para que o mundo creia que tu me enviaste. (João 17.21)

A verdadeira unidade, assim como vemos nesse versículo, acontece quando nos tornamos um, assim como Jesus é no Pai e o Pai n'Ele. Dessa forma, quando a Igreja de Cristo for **uma**, o mundo crerá que Ele é o

Filho de Deus. Ou seja, quando essa unidade acontecer, novas almas que confessam Jesus como Senhor e Salvador serão acrescentadas à Igreja. Quanto poder há em uma só afirmação feita em unidade! Quando nos unimos em maturidade espiritual, em nossa fé, o mundo saberá que Ele é Deus.

O Senhor nos limpa e nos poda (Seu trabalho em nós) com objetivo de frutificarmos (Seu trabalho através de nós). Deus quer operar **em nós** e **através de nós**, de maneira que, assim, o mundo saiba que Jesus Cristo é Senhor! Todos os frutos que Ele desenvolve por meio de nós são sobrenaturais, assim como Deus é. Portanto, no próximo capítulo, vamos mergulhar no entendimento do poder da obediência ao Senhor para ver Seus frutos através de nossos passos de fé. Entenderemos quais são os desdobramentos de permanecermos em Cristo e sermos aperfeiçoados por Deus, a fim de frutificarmos para Sua glória!

CAPÍTULO 7

OBEDIÊNCIA RADICAL, FRUTOS SOBRENATURAIS

E em tua semente serão benditas todas as nações da terra, porquanto obedeceste à minha voz. (Gênesis 22.18 – ARC)

Todos desejamos ver os frutos de Deus em nossas vidas. Porém, com certeza, cada um de nós, em algum momento, já se pegou pensando: "Por que eu não estou conseguindo notar o mover de Deus em mim como tenho visto através da vida de fulano?". Tal questionamento é mais comum do que imaginamos, e ele nem sempre nascerá de um lugar de inveja ou cobiça. Muitas vezes, dúvidas como essas surgem naturalmente do nosso desejo de compreender por que e como algumas pessoas têm conseguido dar mais frutos do que nós.

Existem diversas razões para não vermos frutos. Pode ser que Deus esteja trabalhando coisas internas, que vão desenvolver Seu caráter em nós, como falamos no capítulo anterior. Também pode acontecer pelo simples fato de não estarmos conseguindo enxergar aquilo que Ele está fazendo, devido a, talvez, uma falta de alinhamento nosso com a perspectiva divina. Enfim, existem muitas possibilidades, mas gostaria de apontar e me aprofundar em uma que permeia todos outros porquês: a obediência radical.

Já vamos entrar na explicação do que seria essa "obediência radical", já que, na maioria das vezes, aquilo que diferencia os frutos gerados pelas pessoas é exatamente o que significa essa segunda palavra "radical", que define a forma e a intensidade de nossa obediência. Mas antes, vamos ter claro o que é obediência: acatar ordens, instruções e/ou pedidos de uma autoridade; escutar um comando com atenção e agir em resposta; submissão completa à vontade de alguém; o cumprimento de um pedido; a abstenção de algo, entre outros.

Tudo isso para chegarmos à conclusão de que obediência é a resposta que damos a alguém, no nosso caso, a Deus. E, depois de tanto falarmos d'Ele, de Seu amor e Sua entrega, de Seu caráter e Sua personalidade, quem, em sã consciência, não gostaria de obedecer prontamente ao Senhor? Ele é nosso Criador, e ninguém conhece tão bem Sua criação quanto Aquele que a fez. Ou seja, a melhor atitude para nós, criaturas do Deus Vivo, é respondermos a Ele em obediência.

A questão é que a obediência é uma resposta nossa ao temor a Deus, que nos move, como já vimos. Logo, podemos concluir que a desobediência nasce da ausência desse respeito e dessa reverência ao Senhor.

A OBEDIÊNCIA TARDIA

Talvez você nunca tenha parado para pensar nisso, mas a obediência tardia também é uma forma de desobediência.

Isso mesmo que você leu: obediência tardia é desobediência. Esse é um ensinamento diário que passo aos meus filhos, que estão aprendendo a respeitar autoridade e responder com submissão. Eu faço essa afirmação porque mesmo que tenhamos obedecido a Deus depois de um tempo, isso não anula o fato de que passamos por um momento em que escolhemos não fazer o que Ele nos pediu. Uma história bíblica que pode nos servir de ilustração para compreender melhor esse tipo de desobediência é a de Jonas.

Jonas era um profeta do Senhor e recebeu d'Ele a incumbência de ir até Nínive, uma cidade de pessoas temíveis, corruptas e imorais, para levar a mensagem de arrependimento, a fim de que o Senhor pudesse estender misericórdia àquele povo. Entretanto, Jonas tinha um senso de autojustiça e de patriotismo pela nação de Israel, o que deixava os olhos do seu coração cegos para aquele povo que estava prestes a ser condenado. Para ele, não fazia sentido que o Senhor poupasse uma nação inimiga de Israel, que poderia atacar e saquear o povo de Deus novamente, como já haviam feito antes, uma vez que fosse salva. Então, em discordância com o coração compassivo do Senhor, Jonas decidiu desobedecer a Deus e fugiu em um barco na direção de outra cidade.

Outra coisa que falo para meus filhos é que toda desobediência leva a uma consequência, e, nessa história, Jonas também teve de lidar com o resultado de sua rebeldia. Em alto-mar, ele foi jogado para fora do barco, uma vez que os tripulantes concluíram que a causa de toda tormenta era a presença do profeta desobediente na embarcação.

Contudo, o Senhor, em toda a Sua misericórdia, enviou um socorro para Jonas, que foi engolido por um grande peixe. Ainda dentro do estômago do animal, ele se arrependeu da sua desobediência e clamou ao Senhor para que o tirasse de lá. Depois disso, o profeta foi cuspido em terra pelo peixe e recebeu do Senhor mais uma oportunidade de escolher obedecer-Lhe.

Então, Jonas finalmente cumpriu o que o Senhor havia pedido e levou Sua mensagem ao povo de Nínive, que se arrependeu, e, portanto, moveu o coração do Senhor a estender Sua misericórdia e poupá-los.

Essa passagem demonstra que o Senhor sempre nos apresenta oportunidades para que O obedeçamos. Ele sempre nos dará uma nova chance para nos alinharmos à Sua vontade se nos arrependermos, mesmo que a princípio tenhamos escolhido ignorá-la. Porém, a "segunda chance" pode não anular o fato de que ainda teremos de lidar com as consequências da nossa desobediência inicial. Ainda que elas sejam pequenas ou brandas, sempre estarão lá. Mas é importante lembrarmos que, assim como há consequência para a desobediência, também sempre haverá recompensa para a obediência. Podemos provar dos frutos de uma vida de desobediência ou das recompensas de uma vida de obediência.

Isso quer dizer que viveremos uma vida isenta de dores ou dificuldades por sempre obedecermos? Não. Mas o que posso afirmar é que, quando obedecemos, temos o próprio Deus ao nosso lado pelos vales, crises, dores e dificuldades. E é exatamente isso que faz toda diferença: estarmos sempre acompanhados de Sua presença, que nos assegura de que teremos sabedoria, capacitação, amor e alegria. A obediência não nos dá nenhuma garantia natural, mas nos traz toda garantia sobrenatural. Por isso, se quisermos gerar frutos também sobrenaturais, devemos primeiro desenvolver nossa obediência incondicional ao ponto de que esses frutos passem a ser percebidos pelo mundo.

DESENVOLVENDO A OBEDIÊNCIA RADICAL

Deus nos convida a experimentarmos um nível de obediência que envolve todo nosso ser e conecta nossos corações ao Seu propósito. É um convite para ir além de somente cumprir uma ordem, mas de achar prazer em realizá-la. Podemos viver uma vida repleta de recompensas sobrenaturais por obedecermos radicalmente de forma natural. A obediência radical, pronta e integral à voz de Deus vai nos custar tudo, mas, também, vai nos garantir tudo que este mundo nunca poderia oferecer.

Para desenvolvermos um pouco mais nosso entendimento sobre esse tipo de obediência, gostaria que olhássemos para a história de Abraão. Começando em Gênesis 12, onde vemos o início da aliança de Deus com Abrão.

Ora, disse o Senhor a Abrão: Sai da tua terra, da tua parentela e da casa de teu pai e vai para a terra que te mostrarei; de ti farei uma grande nação, e te abençoarei, e te engrandecerei o nome. Sê tu uma bênção! Abençoarei os que te abençoarem e amaldiçoarei os que te amaldiçoarem; em ti serão benditas todas as famílias da terra. (Gênesis 12.1-3)

Nesse capítulo de Gênesis, o Senhor faz uma promessa a Abrão e diz que faria dele uma grande nação, que o abençoaria, que engrandeceria seu nome, que ele seria uma bênção e que nele seriam benditas todas as famílias da Terra.

É importante entendermos que, naquela época, o Espírito Santo ainda não havia feito morada no povo de Deus. Ou seja, Abrão não tinha o Espírito de Deus habitando nele. Todas as suas ações eram, portanto, baseadas na sua fé no Senhor e no relacionamento com Ele. Por isso, Abraão – nome que ele recebe de Deus mais para frente na história – é conhecido até os dias de hoje como o "pai da fé".

O primeiro teste da fé de Abrão é quando Deus orienta que ele saia de sua terra e parentela, para um lugar ainda desconhecido por ele, que o Senhor lhe mostraria. Quando Deus colocou esse obstáculo para Abrão, queria saber se, de fato, ele confiava em Sua palavra e se estava disposto a responder em pronta obediência. Logo após a promessa ser declarada, vemos a resposta de Abrão, no versículo 4, que é uma ação: "**Partiu**, pois, Abrão [...]" (grifo da autora).

É lindo ver que o nosso "pai da fé" respondeu à promessa cujo destino era incerto com uma ação. A Bíblia não fala que ele pensou ou que foi sondar a possibilidade com sua esposa. As Escrituras dizem que Abrão partiu após ouvir as direções de Deus. Isso nos ensina que a obediência à palavra do Senhor deve ser instantânea e ativa.

Frequentemente desejamos entender melhor as promessas antes de dar um passo em direção ao incerto, pedimos a Deus por confirmações, uma atrás da outra, e até O indagamos sobre quais são as nossas garantias. Porém, quando Ele nos chama, tem muito mais a ver com a honra de sermos inclusos em Seu plano aqui na Terra do que qualquer outra coisa. Então, quando Deus fala, não é hora de questionarmos como, onde, quando, por que e para que. Quando o Senhor dá um direcionamento, devemos responder prontamente com uma ação condizente, assim como Abrão e seu "partiu".

Porém, nem sempre entendemos ao certo o que fazer para transformar esse "partiu" em algo aplicável para nós. Queremos responder em obediência radical, mas não sabemos como dar o primeiro passo.

Quando Ele nos diz algo, temos de simplesmente ser fiéis e dar os passos que estão ao nosso alcance. Isso nos faz tirar o foco de tudo que ainda nos falta para alcançar a promessa e perceber o que já temos em nossas mãos. Alguns exemplos de passos práticos que podemos dar: se Deus nos chamou para as nações, a coisa mais espiritual que podemos fazer é tirar o passaporte; se Ele nos escolheu para impactar a indústria de entretenimento, devemos buscar uma faculdade que nos qualifique para entrar nesta esfera e trabalhar para nos destacarmos nela; se Ele disse que iríamos financiar empreitadas do Reino, talvez precisemos começar colocando nossa vida financeira em ordem. Devemos pensar nas coisas práticas que irão permitir, de forma natural, que o sobrenatural aconteça através das nossas mãos.

Afinal, Deus não precisa da nossa ajuda, Ele só precisa da nossa obediência radical. Conforme seguimos os passos, o Senhor faz Sua parte. As promessas que são declaradas sobre nossas vidas não são nossas, mas sim do Pai, para serem cumpridas através de nós, com Seu efetuar. E elas não são apenas para nós e nossas famílias, mas para "todas as famílias da Terra".

Abrão carregava em si a semente através da qual viria o Messias, que é a bênção e a salvação para todo aquele que n'Ele crer. E quanto a nós, quem é que carregamos em nosso interior depois de nosso novo nascimento? O Espírito Santo! O próprio Deus habita em nós, portanto, por meio das nossas vidas e da nossa obediência, as famílias da Terra devem ser benditas.

Uau! Isso traz um senso de responsabilidade e, ao mesmo tempo, uma alegria e honra enormes, pois podemos ser bênção para as pessoas ao nosso redor. Deus sempre tem um plano muito maior do que nós mesmos em tudo o que Ele faz, algo que podemos confirmar através da formação da Igreja, que é um corpo em que cada membro é único e depende do outro.

Acontece que, no meio do caminho de cumprirmos a vontade divina, nós nos deparamos com obstáculos que, muitas vezes, nos fazem achar que Deus está atrasado. Mas Ele nunca Se atrasa e nunca falha. Ao olharmos para a história de Abrão, vemos que há momentos em que ele e sua esposa, Sarai, duvidaram que aquela promessa de fato iria acontecer, porque eles começaram a levar mais em conta as suas circunstâncias naturais do que o Deus sobrenatural da promessa.

Por isso, é essencial lutarmos para preservar o nosso foco no Deus da promessa, pois Ele é muito mais valioso do que o que foi prometido. E, se o Senhor prometeu, é Ele quem vai realizar. A única condição que existe para o cumprimento da promessa é que obedeçamos continuamente, pois nada nem ninguém podem impedir o que Deus tem para nossas vidas, a não ser nós mesmos.

Se não nos submetermos à Sua palavra, ordenanças e direções, Ele não terá liberdade, nem autoridade de operar através de nós, do contrário estaria violando Seu próprio princípio do livre arbítrio.

Nessa nossa jornada, devemos manter nossos olhos fitos n'Ele e no que Ele está nos falando, com ouvidos atentos à Sua voz. Não precisamos buscar de formas naturais garantir que Deus cumpra Sua palavra, porque Ele é fiel para terminar tudo o que começa.

Abrão e Sarai esperaram por muito tempo o cumprimento do início da promessa em suas vidas. A concepção de Isaque demorou tanto para acontecer que eles pensaram que Deus estava atrasado ou impedindo--os de gerar filhos (Gênesis 16.2). Porém, mesmo tendo dúvidas diversas vezes e errando, ao aceitar a possibilidade de tentar viver a promessa através da geração de Ismael, Abrão sempre se arrependia e escolhia obedecer e continuar confiando em Deus.

Abrão e Sarai falharam, mas isso não mudou o destino que Deus tinha para eles, porque reposicionaram seus corações no lugar correto. Em Gênesis 17, podemos ver Deus renovando Sua aliança com eles e, como sinal, Ele mudou seus nomes para Abraão e Sara. E, no versículo 20, o Senhor diz que Sua aliança será feita com o filho legitimamente gerado pelos dois, Isaque.

Ao longo da vida de Abraão, podemos reconhecer diversas vezes que o "pai da fé" mostrou porque recebe tão nobre título. Ele respondeu de prontidão ao chamado e às direções de Deus, mesmo que parecessem loucura, aos olhos dele e dos outros, como quando o Senhor o manda sacrificar seu próprio filho.

Depois dessas coisas, pôs Deus Abraão à prova e lhe disse: Abraão! Este lhe respondeu: Eis-me aqui! Acrescentou

Deus: Toma teu filho, teu único filho, Isaque, a quem amas, e vai-te à terra de Moriá; oferece-o ali em holocausto, sobre um dos montes, que eu te mostrarei. Levantou-se, pois, Abraão de madrugada e, tendo preparado o seu jumento, tomou consigo dois dos seus servos e a Isaque, seu filho; rachou lenha para o holocausto e foi para o lugar que Deus lhe havia indicado. Ao terceiro dia, erguendo Abraão os olhos, viu o lugar de longe. Então, disse a seus servos: Esperai aqui, com o jumento; eu e o rapaz iremos até lá e, havendo adorado, voltaremos para junto de vós. Tomou Abraão a lenha do holocausto e a colocou sobre Isaque, seu filho; ele, porém, levava nas mãos o fogo e o cutelo. Assim, caminhavam ambos juntos. Quando Isaque disse a Abraão, seu pai: Meu pai! Respondeu Abraão: Eis-me aqui, meu filho! Perguntou-lhe Isaque: Eis o fogo e a lenha, mas onde está o cordeiro para o holocausto? Respondeu Abraão: Deus proverá para si, meu filho, o cordeiro para o holocausto; e seguiam ambos juntos. Chegaram ao lugar que Deus lhe havia designado; ali edificou Abraão um altar, sobre ele dispôs a lenha, amarrou Isaque, seu filho, e o deitou no altar, em cima da lenha; e, estendendo a mão, tomou o cutelo para imolar o filho. Mas do céu lhe bradou o Anjo do SENHOR: Abraão! Abraão! Ele respondeu: Eis-me aqui! Então, lhe disse: Não estendas a mão sobre o rapaz e nada lhe faças; pois agora sei que temes a Deus, porquanto não me negaste o filho, o teu único filho. (Gênesis 22.1-12)

Imagine o coração daquele pai que, por tantos anos, esperou por seu filho e, agora, a pedido de Deus, precisava sacrificá-lo. Mesmo triste, Abraão obedeceu. E por causa dessa radicalidade, que passou por cima de seus próprios desejos e sentimentos, Deus proveu o sacrifício no lugar de Isaque e disse: "E em tua semente serão benditas todas as nações da terra, porquanto obedeceste à minha voz" (Gênesis 22.18).

Abraão amou mais a Deus do que à Sua promessa e valorizou mais seu relacionamento com Ele do que qualquer bônus, bênção ou presente que esse relacionamento pudesse proporcioná-lo, porque ele sabia que tudo de bom em sua vida vinha do Senhor.

Através da saga de fé de Abraão, aprendemos que obedecer de forma radical não significa que acertaremos sempre, que nunca duvidaremos ou que não teremos dor, mas significa que, mesmo em meio a tudo isso, continuaremos escolhendo ouvir Sua voz, obedecer a Seus estatutos e seguir Seus caminhos, custe o que custar.

Note que a obediência natural e humana de Abraão causou um impacto totalmente sobrenatural no mundo: a vinda do Filho do Homem à Terra por meio de Sua descendência. Foram necessários diversos atos de obediência radical na sua linhagem para que uma semente sobrenatural pudesse trazer salvação ao mundo. Portanto, nunca subestime aquilo que Deus pode fazer através de um "pequeno" ato de obediência seu. Porque o que faz a diferença é o Deus que atua em nossa fidelidade.

Pode ser que você esteja olhando para essa história incrível de Abraão e pensando: "Mas como isso pode se aplicar a mim de forma prática?". Vamos lá!

Cada "sim" que dizemos à voz de Deus contribui para vivermos nossa promessa. Mas para responder-Lhe, precisamos desenvolver ouvidos espirituais que identifiquem rapidamente a Sua voz e, assim, obedecer-Lhe prontamente. E como fazer isso?

APRENDENDO A ESCUTAR PARA OBEDECER

Não existe passe de mágica no relacionamento com Deus. Precisamos cultivar intimidade passando tempo em Sua presença. E isso se dá através da nossa fidelidade para com nossas disciplinas espirituais, tais como: ler a Bíblia, orar em espírito e em entendimento, passar tempo em adoração e realizar jejuns. Entretanto, há dois hábitos que podemos adquirir para desenvolver a nossa "audição espiritual", que são: a pronta obediência e o passo de fé.

Quanto mais rápida e recorrente for a nossa atitude de fazer o que Deus nos pede, mais Ele confiará em nós para pedir novas coisas. Quanto mais Ele fala conosco, mais facilmente discerniremos Sua voz e, por consequência, maior será o nosso desejo de obedecer-Lhe. Este é um ciclo saudável, onde o Senhor fala e nós respondemos.

Trazendo isso para o nosso dia a dia, de forma simples e prática, é como quando estamos em um lugar, vemos uma pessoa com um gesso imobilizando alguma parte de seu corpo e sentimos um impulso interno de orar para que ela seja curada. Sabemos que devemos abordá-la e perguntar se ela gostaria de receber oração, mas tantas vezes o temor de homens fala mais alto que temos vergonha e até medo do que podem pensar de nós, principalmente se essa pessoa não for curada.

Mas essa sensação dentro de nossos corpos, esse ímpeto que sentimos, é um indicativo de que Deus está nos convidando a participar de um evento sobrenatural, Ele está nos chamando para fazer parte de uma breve invasão do Céu na Terra. Cabe a nós decidirmos obedecer prontamente e nos arriscarmos em um passo de fé. Perceba que esse passo é uma ação, uma vez que entendemos que a fé sem obras (ação condizente) é morta. Ou seja, a nossa ação de aplicar a fé que temos n'Ele e no fato de que Ele é a cura é o passo que ativa Seu poder e vivifica nossa fé a partir da nossa obra.

Outro exemplo é quando olhamos para alguém e, por algum motivo "desconhecido", aquela pessoa nos chama a atenção. É possível notar mais um convite do Espírito Santo para participarmos de Sua ação sobrenatural, mas, às vezes, queremos a garantia de saber exatamente o que vamos falar para a pessoa. Porém, assim como Abrão, precisamos responder com um "partiu", mesmo sem termos o destino claro.

Veja, na maioria das vezes que eu vou orar por alguém, eu não sei o que vou falar antes de começar a oração. Porém, quando eu começo, rendendo graças a Deus pela vida dessa pessoa (lembra do poder da gratidão que precede o milagre, que falamos no capítulo 5?), Ele compartilha comigo Seu coração e Seus pensamentos a respeito dela e, então, palavras começam a fluir de mim e rios de águas vivas encontram aquela pessoa e levam até ela o toque do Deus Eterno.

Percebe como é simples nos movermos no sobrenatural? Nós só precisamos estar abertos para que o Deus do sobrenatural opere Sua natureza através da nossa obediência. Precisamos sempre ter a clara certeza de que não somos nós que curamos ou que somos capazes de conhecer o que se passa na vida da pessoa, mas é Deus quem o faz. Sendo assim, cabe a nós sermos canais do Seu Reino de paz, justiça e alegria, por onde quer que formos.

Deus não nos dá a garantia do que vai acontecer quando oramos por alguém, mas nos ordena a fazê-lo. E saber que as palavras vêm d'Ele é a única segurança que precisamos para confiar que o desfecho será ótimo. Nossa parte é orar por todos que assim desejarem. Quanto mais declaramos Seu Reino na Terra, quanto mais nos consagramos a Deus, mais nosso nome fica conhecido no Céu – também no inferno. Por isso, as doenças têm que sair quando declaramos cura, a dor tem que ir embora quando declaramos restauração, espíritos malignos têm que fugir quando declaramos o Reino de Deus.

O amor de Deus por nós é único, imutável e incondicional. Não há como Ele nos amar mais do que nos ama desde o princípio. Porém, Seu favor sobre nossas vidas aumenta conforme caminhamos com Ele e obedecemos continuamente Sua voz. Isso nos faz encarar o questionamento do início deste capítulo com uma nova perspectiva. A quantidade de frutos que percebemos em nossas vidas é diretamente proporcional ao tempo que dedicamos na presença de Deus e ao nosso nível de obediência.

Portanto, assim como na parábola dos talentos, que já analisamos, aquele que foi bom mordomo com o que o seu senhor havia lhe dado, recebeu acréscimo. Então, entenda, o amor de Deus é imutável, mas Seu favor sobre nós pode aumentar. Ele cresce de acordo com a nossa caminhada e esse é o nosso sacrifício a Ele.

Algumas pessoas vêm até mim e falam: "Junia, ora por mim, porque eu quero o que você tem". Eu sempre oro, afinal, "de graça recebestes, de graça dai" (Mateus 10.8). Entretanto, o que precisamos entender é que aquilo que é forjado no secreto, com sacrifício, consagração, lágrimas e dor, não pode ser transferido. O dom pode, mas a autoridade não. Ou seja, eu posso até transmitir um dom que me tenha sido dado de graça por Deus, através da imposição de mãos, mas a pessoa que o recebeu vai ter de trilhar seu próprio caminho para se mover nele da mesma forma ou muito mais "afiadamente" do que eu. Meu desejo é que todos com quem eu cruzar caminhos andem em maior unção e autoridade, mas isso depende exclusivamente de sua entrega e consagração.

Isso tudo é muito maravilhoso, pois nos instiga a buscar nosso próprio relacionamento com o Senhor, nossa própria história e nossos próprios segredos com Ele. Sim, nossos segredos. Por exemplo, existem coisas que somente eu e Deus sabemos e isso enriquece ainda mais nosso relacionamento. Nem tudo que acontece no secreto é para ser compartilhado. Existem coisas que são só nossas e d'Ele. Você quer viver isso também? Ter seus segredos com o Senhor, ter sua trajetória única com Ele, ver o próprio Criador escrevendo sua história junto com você?

Creio que não há dom maior do que caminhar com Aquele que nos desenhou, desejou e criou. Não há nada melhor do que Ele escrever Sua história no mundo através de nossas mãos, com nossa simples obediência. Deus anseia por fazer o sobrenatural acontecer através de nós, basta abrirmos caminho para que aconteça. E hoje é o seu dia, é a sua chance de responder a Ele com um coração ainda mais entregue, para ver tudo mais que o Senhor quer e pode fazer. Agora, pare e tome um tempo, peça para o Espírito Santo enchê--lo e transbordá-lo, peça a Ele a unção que liberta os cativos, cura os enfermos, ressuscita os mortos. E **parta!**

Obedeça de forma radical o que Ele está convidando você a fazer. Vá, mesmo que com medo. Creia no Deus da promessa. Deixe-O fluir através de você!

CAPÍTULO 8

TEMOR, SABEDORIA E DISCERNIMENTO DE TEMPOS PARA DEIXAR UMA MARCA ETERNA

> Tudo tem o seu tempo determinado, e há tempo para todo propósito debaixo do céu. (Eclesiastes 3.1)

Tudo em nossa vida tem um tempo certo para acontecer. Porém, por causa de diversas questões, muitas vezes, acabamos não vivendo o que deveríamos nos momentos corretos. Assim como está em Eclesiastes 3: há tempo de plantar e tempo de colher, tempo de chorar e tempo de rir, tempo de derribar e tempo de edificar, tempo de se calar e tempo de falar etc. Existe um momento oportuno para cada coisa em nossas vidas, e a chave para aproveitar 100% de cada uma dessas temporadas está em cultivar sabedoria e sensibilidade para discernir os tempos.

É por isso que, como eu já falei, precisamos ter os nossos ouvidos inclinados para ouvir a voz de Deus, que nos direciona para dentro e para fora de cada temporada. Também devemos buscar a sabedoria, porque Ele fala através dela. Conforme vimos nos capítulos anteriores, o temor do Senhor é o princípio da sabedoria, ou seja, temer a Deus é o meio para alcançá-la. Esse temor é o que nos faz reconhecer Sua soberana vontade e permanecer em Seu caminho, sem nos desviarmos nem para a direita, nem para a esquerda, porque ouvimos a palavra que está atrás de nós (Isaías 30.21). Estar constantemente nos caminhos de Deus é que nos leva à sabedoria e a conhecer a Sua vontade.

Quando te desviares para a direita e quando te desviares para a esquerda, os teus ouvidos ouvirão atrás de ti uma palavra, dizendo: Este é o caminho, andai por ele. (Isaías 30.21)

O Senhor é o nosso Pastor. Ele está sempre atrás de nós, nos conduzindo para o caminho correto. E, independentemente de onde cheguemos, Ele jamais permitirá que algo nos falte. Isso pode parecer bom demais para ser real, assim como o Evangelho, mas é uma verdade absoluta. A vida com Deus, mesmo em meio a qualquer adversidade, é boa demais.

Temei ao Senhor, vós os seus santos, pois não têm falta alguma aqueles que o temem. (Salmos 34.9 – ARC)

Temer a Deus é o princípio básico para vivermos em plenitude e abundante paz. Quando nos rendermos ao Senhor, n'Ele confiarmos e em Seus caminhos permanecermos, nada nos faltará. Na maioria das vezes, o que precisamos fazer é mudar a perspectiva e ver as coisas como Deus enxerga. Quando estamos n'Ele, temos tudo o que necessitamos, isto é, não temos carência de **nada**.

Quando entendemos que Ele é a nossa provisão, escudo e proteção, não precisamos ter medo do incerto. Podem cair mil de um lado e dez mil do outro, mas nós não seremos atingidos (Salmos 91.7), porque confiamos n'Ele!

O PRINCÍPIO DA SABEDORIA

Cultivar o temor de Deus é a estratégia mais sábia para combater os nossos inimigos e as dificuldades da vida. Ter consciência de que não existe lugar mais seguro para entregar nossas vidas do que nas Suas mãos é a maior revelação que podemos ter. Não foi um dia lindo somente quando recebemos a nossa salvação, mas todos os dias vividos com temor do Senhor e em dependência d'Ele são maravilhosos, e devem ser celebrados.

Filho meu, se aceitares as minhas palavras e esconderes contigo os meus mandamentos, para fazeres atento à sabedoria o teu ouvido, e para inclinares o teu coração ao entendimento, e, se clamares por entendimento, e por inteligência alçares a tua voz, se como a prata a buscares e como a tesouros escondidos a procurares, então, entenderás o temor do Senhor e acharás o conhecimento de Deus. Porque o Senhor dá a sabedoria, e da sua boca vem o conhecimento e o entendimento. Ele reserva a verdadeira sabedoria para os retos; escudo é para os que caminham na sinceridade, para que guarde as veredas do juízo e conserve o caminho dos seus santos. Então, entenderás justiça, e juízo, e equidade, e todas as boas veredas. Porquanto a sabedoria entrará no teu coração, e o conhecimento será suave à tua alma. O bom siso te guardará, e a inteligência te conservará; (Provérbios 2.1-11 – ARC)

Por todo o livro de Provérbios, vemos o rei Salomão – que, de acordo com a Bíblia, é o homem mais sábio que já existiu – nos instruindo a buscar e pedir pela sabedoria, pois ele reconhecia o seu verdadeiro valor. Quando o Senhor apareceu a Salomão e lhe deu a chance de pedir por qualquer coisa que desejasse, como lemos em 2 Crônicas 1, observa-se que ele não hesitou em escolher sabedoria do Senhor, que é justamente o que o faria reinar da forma que Deus governaria sobre Seu povo. Devido a este nobre desejo, o anseio de alguém que queria ser um bom mordomo das coisas de Deus, o Senhor entregou a Salomão muito mais do que foi pedido: riqueza, prosperidade, honra e sabedoria sem precedentes na História. O filho de Davi entendeu que não existia tesouro maior do que a sabedoria, pois é por meio dela que entendemos o temor do Senhor e chegamos ao Seu conhecimento, assim como aprendemos em Provérbios, e compreendeu que só assim poderia cumprir de forma excelente aquilo que lhe tinha sido confiado.

Quando pedimos a coisa certa a Deus, com o coração também corretamente posicionado, Ele nos acrescenta muito. Já sabemos disso, até porque, quem não conhece de cor e salteado Mateus 6.33: "Buscai, pois, em primeiro lugar, o reino de Deus, a e sua justiça, e todas estas coisas vos serão acrescentadas"? Mas, como muitas coisas da Bíblia, nós as sabemos porque alguém nos ensinou, não por termos experimentado. Por isso, é tão importante, como mencionado em capítulos anteriores, que apliquemos o conhecimento que temos. Isso fará toda a diferença.

Nós vivemos hoje na era da informação e, todos os dias, temos o desafio de preservar nosso foco, nossa atenção e saúde mental em meio ao bombardeio de opiniões, oportunidades e possibilidades que recebemos de todos os lados. Se não tivermos sabedoria advinda de Deus para fazer as escolhas certas nos tempos certos, ficaremos perdidos e seremos engolidos por nossas rotinas. Ter o conhecimento do Senhor nos fará viver no centro de Sua perfeita vontade, e é exatamente isso que trará leveza para os nossos dias. Não que o trabalho não seja duro, mas haverá graça para cumpri-lo.

O DISCERNIMENTO DOS TEMPOS

Com a sabedoria, conseguimos discernir os tempos. E por que isso é tão importante? Vamos olhar o versículo-base para este capítulo e seu contexto:

> Tudo tem o seu tempo determinado, e há tempo para todo o propósito debaixo do céu: há tempo de nascer e tempo de morrer; tempo de plantar e tempo de arrancar o que se plantou; tempo de matar e tempo de curar; tempo de derribar e tempo de edificar; tempo de chorar e tempo de rir; tempo de prantear e tempo de saltar; tempo de espalhar pedras e tempo de ajuntar pedras; tempo de abraçar e

tempo de afastar-se de abraçar; tempo de buscar e tempo de perder; tempo de guardar e tempo de deitar fora; tempo de rasgar e tempo de coser; tempo de estar calado e tempo de falar; tempo de amar e tempo de aborrecer; tempo de guerra e tempo de paz. (Eclesiastes 3.1-8 – ARC)

A habilidade de sabiamente discernirmos o tempo nos capacita a reconhecer quando devemos semear ou não. Essa prática nos ajuda a perceber quando precisamos pegar nossas sementes e as "esconder" debaixo da terra para que, no tempo oportuno, elas floresçam e deem frutos. Tal dom assegurará a possibilidade de colhermos aquilo que, talvez, com lágrimas tenhamos plantado (Salmos 126.5).

A propósito, de acordo com as Escrituras, as lágrimas têm uma conexão poderosa e direta com o nosso avanço espiritual. Portanto, precisamos compreender que, se estamos crescendo espiritualmente, é natural que vivenciemos temporadas em que iremos chorar ou prantear. Cada uma dessas fases de nossas vidas é útil para o nosso amadurecimento emocional e espiritual. No entanto, vale destacar que eu não acredito que Deus coloque coisas ruins em nossos caminhos para nos ensinar algo. Creio que essas adversidades são consequências do mundo em que vivemos e, certas vezes, de escolhas erradas que fazemos. Mas existe algo em que acredito de todo o meu coração: Deus não desperdiça nada! Isso vale para qualquer coisa que o Inimigo tenha feito para te causar o mal. Tenha certeza é tão importante, como mencionado em capítulos anteriores, que apliquemos o conhecimento que temos. Isso fará toda a diferença.

Nós vivemos hoje na era da informação e, todos os dias, temos o desafio de preservar nosso foco, nossa atenção e saúde mental em meio ao bombardeio de opiniões, oportunidades e possibilidades que recebemos de todos os lados. Se não tivermos sabedoria advinda de Deus para fazer as escolhas certas nos tempos certos, ficaremos perdidos e seremos engolidos por nossas rotinas. Ter o conhecimento do Senhor nos fará viver no centro de Sua perfeita vontade, e é exatamente isso que trará leveza para os nossos dias. Não que o trabalho não seja duro, mas haverá graça para cumpri-lo.

O DISCERNIMENTO DOS TEMPOS

Com a sabedoria, conseguimos discernir os tempos. E por que isso é tão importante? Vamos olhar o versículo-base para este capítulo e seu contexto:

> Tudo tem o seu tempo determinado, e há tempo para todo o propósito debaixo do céu: há tempo de nascer e tempo de morrer; tempo de plantar e tempo de arrancar o que se plantou; tempo de matar e tempo de curar; tempo de derribar e tempo de edificar; tempo de chorar e tempo de rir; tempo de prantear e tempo de saltar; tempo de espalhar pedras e tempo de ajuntar pedras; tempo de abraçar e

tempo de afastar-se de abraçar; tempo de buscar e tempo de perder; tempo de guardar e tempo de deitar fora; tempo de rasgar e tempo de coser; tempo de estar calado e tempo de falar; tempo de amar e tempo de aborrecer; tempo de guerra e tempo de paz. (Eclesiastes 3.1-8 – ARC)

A habilidade de sabiamente discernirmos o tempo nos capacita a reconhecer quando devemos semear ou não. Essa prática nos ajuda a perceber quando precisamos pegar nossas sementes e as "esconder" debaixo da terra para que, no tempo oportuno, elas floresçam e deem frutos. Tal dom assegurará a possibilidade de colhermos aquilo que, talvez, com lágrimas tenhamos plantado (Salmos 126.5).

A propósito, de acordo com as Escrituras, as lágrimas têm uma conexão poderosa e direta com o nosso avanço espiritual. Portanto, precisamos compreender que, se estamos crescendo espiritualmente, é natural que vivenciemos temporadas em que iremos chorar ou prantear. Cada uma dessas fases de nossas vidas é útil para o nosso amadurecimento emocional e espiritual. No entanto, vale destacar que eu não acredito que Deus coloque coisas ruins em nossos caminhos para nos ensinar algo. Creio que essas adversidades são consequências do mundo em que vivemos e, certas vezes, de escolhas erradas que fazemos. Mas existe algo em que acredito de todo o meu coração: Deus não desperdiça nada! Isso vale para qualquer coisa que o Inimigo tenha feito para te causar o mal. Tenha certeza de que, de forma alguma, o Senhor vai desperdiçar essa situação, pelo contrário, vai usá-la para seu o bem: amadurecimento, crescimento, desenvolvimento e avanço. Todas as coisas trabalham a favor daqueles que temem a Deus, amam a Sua presença e permanecem conectados à Videira Verdadeira.

Discernir as temporadas das nossas vidas nos ajudará a entender quando descansar, quando correr, quando trabalhar em secreto e quando fazer mais coisas públicas.

Um ótimo exemplo do que acontece conosco quando não conseguimos discernir os tempos do Senhor para as nossas vidas é a história que contei para você anteriormente, quando não entendi que Deus estava me chamando para um momento de descanso. Por não ter compreendido isso, eu experimentei uma estafa que não era o desejo do Pai para mim. Contudo, durante o tempo de descanso, Deus trabalhou muito em mim, pois eu me abri totalmente para o processo ao qual Ele estava me convidando. O Senhor limpou muitas coisas no meu coração, sarou muitas feridas que eu nem estava percebendo que estavam lá e me levou a mergulhar profundamente n'Ele de uma maneira que eu nunca conseguiria descrever em palavras. O Senhor estava me forjando para o que queria fazer depois, e eu nem podia imaginar o que me esperava. Viu só como Deus não desperdiça nada? Mesmo que eu não tenha discernido a temporada e tenha entrado em exaustão física e emocional, o Senhor usou aquele tempo de descanso para me edificar n'Ele. Espere um pouco que você já vai entender.

Logo depois da fase em que passei mais tempo cuidando de mim, garantindo que vida e esperança estavam sendo geradas no meu interior, para que brotassem de mim, entrei em um novo momento espiritual. A respeito disso, vou contar um pouco de dois eventos específicos que Deus usou para destravar coisas relacionadas ao meu destino: um público e um privado.

Era janeiro de 2019, eu passei por um momento muito difícil na minha vida. Especificamente depois de um dia bem dolorido para o meu coração, não queria ter de interagir com pessoas, pois precisava de um tempo quieta. Porém, a minha igreja local estava na tradicional semana de cultos de avivamento, e mesmo precisando de um tempo totalmente sozinha, eu queria muito estar na presença de Deus no coletivo, pois há algo que é liberado quando estamos em comunhão, reunidos em Seu nome. Assim, decidi ir ao culto, porque escolhi ouvir a voz do Espírito Santo que me falava para estar lá.

Naquela noite, recebemos um preletor convidado que trouxe uma poderosa palavra profética para a minha vida diante de toda a igreja. No momento em que ele estava liberando aquela palavra, senti o Senhor falando comigo: "As suas lutas individuais são suas, mas a conquista é pública". O que nós precisamos entender é que não conhecemos as batalhas que fizeram com que as pessoas chegassem onde chegaram, nem as dores que as fortaleceram. Na maioria das vezes, só vemos os picos onde foram colocadas.

No momento da liberação profética sobre a minha vida eu sabia que algo diferente tinha acontecido, um *shift* foi dado no mundo espiritual. Eu podia sentir que Deus tinha depositado algo sobre mim. Como chorei naquela noite! Estava enfrentando uma das semanas mais difíceis da minha vida até então, e o Senhor, que não precisava fazer isso, usou uma pessoa que eu nem conhecia para reafirmar meu destino e me validar publicamente.

A partir daquele dia, comecei a ser muito intencional em agir baseada na palavra que havia recebido, em específico, na parte que fazia referência a uma unção diferenciada para cura. Logo comecei a ousar ainda mais nessa área e pude ver surdos voltando a ouvir, pessoas com altos graus de miopia sendo completamente curadas e muitos casos em que dores iam embora após orações. Mas o interessante é que, depois desse liberar público da palavra, as coisas ainda estavam acontecendo somente de forma mais privada.

Foi bem parecido com quando Jesus opera um milagre público com a mulher do fluxo de sangue e depois Ele pede para que quase todos fossem embora para realizar um milagre que aconteceria apenas no privado (Marcos 5). É lindo ver como Deus atua de formas inusitadas e cada uma tem sua importância e significado.

Prosseguindo na minha história, um mês depois, em fevereiro de 2019, tivemos um grande ajuntamento de pessoas em um estádio, que visava despertar nossa geração para ir às nações e atender ao seu chamado missional: o The Send. Era um evento enorme, mas Deus me encontrou de maneira extremamente individual.

Algumas horas antes do final do evento, que estava programado para durar aproximadamente 12 horas, o Espírito do Senhor veio sobre mim. Não sei dizer ao certo por quanto tempo fiquei debaixo do poder do Espírito Santo, porque perdi a noção do que estava acontecendo ao meu redor, mas permaneci ali entre duas e três horas.

Naquele momento, Deus operou ainda mais cura em mim, restaurou coisas que eu havia enterrado, e eu sentia como se estivesse vivendo Salmos 126.1-2, quando o Senhor restaurou a sorte de Sião e suas bocas se encheram de riso e suas línguas de júbilo. Quando Deus nos toca, nosso ser salta de felicidade, porque Ele é a cura que precisamos, a alegria manifesta em nós e a nossa esperança.

Porém, além daquele toque, que trazia benefícios para mim como filha, percebi que Ele estava colocando algo sobre a minha vida, que, na verdade, era para o benefício de outras pessoas com as quais eu me encontraria futuramente. Foi um momento muito secreto, mesmo que tenha sido em público. Um toque muito pessoal e específico, mesmo que tenha acontecido em um evento gigantesco. Depois desse dia, de um mover tão íntimo, o Senhor destravou algo no âmbito público, e foi então que Ele me disse: "agora é hora de ir!".

Era tempo de avançar, porque Deus tinha me abençoado para isso. Até então, eu ainda estava no meu período de descanso, mas aquele foi o sinal necessário para eu entender e discernir a transição de temporadas que o Senhor estava trazendo para a minha vida. Perceba que, antes, tudo o que eu estava tentando fazer, na fase que era somente para eu ser, não estava me empurrando para meu destino. Mas, no momento em que descansei em ser, Ele me lançou para dentro de uma temporada de fazer.

No mesmo instante, eu soube que Deus estava me arremessando para algo público que somente Ele poderia fazer. Nada tinha mudado na minha rotina para que as coisas fossem mais fáceis ou mais leves, mas algo foi alterado no mundo espiritual de forma que eu encontrasse uma nova porção da graça de Deus na jornada que me fora proposta. E é nesta temporada que estou agora, escrevendo este livro para chegar até você e tocar a sua vida. Tudo o que Ele tem me pedido para priorizar, estou obedecendo e correndo para realizar. Por mais louca que pareça a minha rotina, e por mais cansada que às vezes eu fique, sempre encontro a graça divina, que é o poder que me capacita a continuar na corrida, seguindo no propósito.

Entenda, quando Deus diz "para", é hora de pararmos. Mas quando Ele diz "vai", é hora de corrermos, de voarmos. Se o Senhor está te arremessando para dentro do Seu propósito, tenha discernimento das temporadas e avance para tudo aquilo que Ele tem para operar por meio de você! Quantas vidas não serão alcançadas, marcadas e transformadas através do seu "sim"? Corra, salte, voe. Não importa como, mas obedeça ao Senhor, porque nada mais importa além de viver tudo aquilo que Ele tem para nós!

PENSANDO NAS COISAS DO ALTO

Quão formosos são os pés dos que proclamam o Evangelho! Não digo isso só para aqueles que são chamados a estarem no púlpito pregando e ensinando, mas para todos nós que não conseguimos reter as Boas Novas de serem declaradas e compartilhadas. Os pés de todos, que somos comissionados a levar o Evangelho e expandir o Reino de Deus, seja como for, são formosos. É hora de abraçarmos nossas temporadas e mergulharmos nelas com tudo o que somos e temos. Chegou o tempo de pararmos de dar qualquer desculpa ou justificativa do porquê somos desqualificados ou incapazes. Quem qualifica é Deus, quem capacita é Ele. O que cabe a nós é clamarmos por mais do Senhor e andarmos em Seu temor e sabedoria, discernindo tempos e ciclos.

Ah, se vivêssemos, de fato, completamente rendidos à Sua voz e com os ouvidos inclinados à Sua sabedoria! Ah, se quem regesse cada passo que damos fosse, verdadeiramente, o Santo Espírito de Deus! Entenda! Essas não são palavras de condenação, mas sim de convicção. Deus está nos convidando, Ele está nos chamando. Seu anseio é que cresçamos e amadureçamos para que o mundo saiba que Ele é Rei.

Afinal, quanto mais precisaremos esperar e receber até nos sentirmos prontos para ir? Qual é a temporada em que Deus te quer hoje? Seja fiel e constante nela, para que Ele possa te levar logo para a próxima, porque, ao atingi-la, a glória será ainda maior, uma vez que as coisas com o Senhor funcionam de glória em glória, e a glória da segunda casa será, sem sombra de dúvidas, muito maior do que a da primeira.

Será que não estamos passando mais tempo que o devido em uma única temporada? Ou será que estamos querendo sair dela rápido demais, antes mesmo de Ele terminar Seu trabalho em nós? Precisamos de mais discernimento e sabedoria para ouvir, ver e entender tudo aquilo que o Senhor já está fazendo.

Quanto mais tempo passo com Deus, mais percebo quão pouco eu sei e quanto necessito d'Ele para me guiar. Da mesma forma, nós, Igreja de Cristo, precisamos escutar qual é o propósito divino para cada temporada, e andar juntos nele. Assim, trabalharemos em unidade em prol do Reino de Deus com o foco certo. Ele nos chama para dependermos da saúde um do outro, para que corramos no mesmo passo.

Por certo, intencionalidade e foco são as palavras de Deus para a Igreja de hoje. Se corrermos nossa carreira sendo intencionais com as coisas eternas, não iremos perder tempo com coisas temporárias que, além de não agregar, trabalham contra o que o Senhor tem para fazer em nós. Se mantivermos o foco, nossos olhos fitos em Jesus, nada poderá tirar nossa atenção do Amado nem a nossa concentração do objetivo final, que é "até que o mundo inteiro saiba".

Não conte os seus dias na Terra, mas faça eles contarem no Céu. Precisamos entender o que significa viver por um propósito maior do que nós mesmos: a causa do Evangelho. Quanto mais focamos em por Quem estamos vivendo, menos as dificuldades e adversidades terão impacto em nós. Estamos aqui de passagem, somos apenas peregrinos neste mundo.

Sabe, as tribulações e as aflições que enfrentamos nem se comparam com a glória que em nós há de ser revelada, já dizia Paulo. Então, ao vivermos por uma perspectiva eterna, as coisas temporárias e momentâneas não fazem mais tanta diferença. Se o que está tirando nossa paz hoje não vai importar na eternidade, por que então permitimos que nos afete tanto, sendo que estamos em um mundo passageiro?

Assim, as coisas que devem tomar nossas mentes e corações são as que vão causar um impacto na eternidade. Se Deus vai nos lembrar delas quando chegarmos ao Céu, então devem certamente ter prioridade em nossas vidas.

DISCERNINDO NECESSIDADES, OPORTUNIDADES E PROPÓSITO

A sabedoria do Senhor, que nos capacita a discernir temporadas, também nos ajuda a entender o que é uma necessidade, uma oportunidade e aquilo que é propósito divino.

Quando olhamos para Jesus, em Lucas 4, logo após ter curado a sogra de Pedro, no versículo 42, vemos a multidão pedindo que Ele ficasse, pregasse e curasse mais. Talvez Cristo tenha olhado para esse momento e pensado no que aquelas pessoas precisavam, e isso poderia tê-lO convencido a ficar ali, e não seguir para a próxima cidade. Porém, Ele teria sido conduzido por uma necessidade temporária. Cristo também poderia ter considerado que aquela era uma ótima chance para solidificar Seu nome e Sua credibilidade, curando mais pessoas e, dessa maneira, fazendo com que a notícia de que o Filho de Deus e Seu Reino haviam chegado se espalhasse. Se assim o fizesse, Ele teria Se movido por uma ótima oportunidade de exaltar o nome do Pai. Nada disso seria ruim, entretanto não era aquilo que Deus havia Lhe pedido.

Porém, no versículo 43, lemos que Jesus não foi movido nem por necessidades nem por oportunidades, e isso fica claro quando Ele fala que tem de seguir caminho, pois foi para isso que tinha sido enviado. Nós precisamos ter essa mesma conexão e comunicação que Jesus tinha com o Pai, que O fazia ouvir claramente qual era o próximo passo, quando era hora de parar e ensinar, e quando era hora de avançar e expandir. Veja que o momento de espera é tão válido quanto o momento de expansão. Mas, se feito na hora errada, ele pode trabalhar contra e diminuir a influência e o impacto que Deus tem para causar através de nós.

Jesus teve a sensibilidade, humildade e discernimento para saber o que era necessidade, o que era oportunidade e o que era o propósito de Deus. Para muitos ali, seguir para a próxima cidade não fazia sentido, mas Cristo entendia que era o correto, porque era o que o Pai disse para ser feito. Então, Ele se levantou e, mesmo que a multidão continuasse pedindo para que ficasse, prosseguiu para o Seu destino, que fora definido por Deus. Jesus foi movido pelo propósito divino para o qual Ele estava na Terra. O Senhor sabia que teria pouco tempo, portanto precisava andar de forma intencional. Não poderia ficar envolvido pelas necessidades que apareciam, nem pelas oportunidades que eram apresentadas. Era necessário manter Seu foco no que o Pai tinha para operar através d'Ele.

Igreja, perceba que, se até Jesus teve de viver intencionalmente focado, dando passos certeiros, quanto mais nós também não devemos viver assim! Nós precisamos do temor do Senhor, que nos leva à Sua sabedoria, a qual nos faz chegar ao conhecimento de Deus, para que nos movamos de forma sábia, discernindo tempos, temporadas, necessidades, oportunidades e propósito. Não necessariamente é discernir o mal do bem, mas o bom do melhor, e o melhor do excelente.

Conforme crescemos em Cristo, não devemos mais ficar divididos entre o que é certo e o que é errado, pois isso é para o início de nossa caminhada com Ele. Agora é hora de escolhermos entre o que é legal e o que é ideal. Você quer realmente marcar este mundo para que todos saibam quem é Jesus? Então, precisa se livrar de qualquer peso que dificulte sua corrida. Deus nos chama para correr o melhor tempo, para bater os recordes, para tirar milésimos. Ele nos convida não somente para uma vida sem pecado, mas para viver tão longe das transgressões, que isso já nem é uma questão a ser discutida.

Essa é a vida que Jesus escolheu para Si, que levava em conta as coisas eternas, que foi toda voltada para agradar ao Pai e para cumprir Sua vontade. Uma vida que dividiu o calendário mundial entre antes e depois. O grande ponto é que não somos chamados para viver uma "vida boa", mas sim para uma vida digna do Senhor!

CAPÍTULO 9

VAI

E disse-lhes: Ide por todo o mundo, pregai o evangelho a toda criatura. Quem crer e for batizado será salvo; mas quem não crer será condenado. E estes sinais acompanharão os que crerem: em meu nome, expulsarão demônios; falarão novas línguas; pegarão nas serpentes; e, se beberem alguma coisa mortífera, não lhes fará dano algum; e imporão as mãos sobre os enfermos e os curarão. Ora, o Senhor, depois de lhes ter falado, foi recebido no céu e assentou-se à direita de Deus. E eles, tendo partido, pregaram por todas as partes, cooperando com eles o Senhor e confirmando a palavra com os sinais que se seguiram. Amém! (Marcos 16.15-20 – ARC)

Creio que, ao longo deste livro, Deus vem falando com você, assim como tem falado comigo enquanto o escrevo. Algo está sendo gerado dentro de nós para sairmos da nossa zona de conforto. E pode ter certeza de que vamos!

De fato, essa é a nossa hora. Não é mais tempo de deixarmos nossa vida acontecer, é tempo de acontecermos para ela. É hora de agir e correr rumo à vontade de Deus! Mas, antes de aceitarmos esse comissionamento do Senhor, queria apresentar cinco princípios que podem ser aprendidos com a história do rei Davi. Acredito que eles nos ajudarão a terminar a nossa carreira com toda a força, de forma excelente e guardando a fé.

A história de Davi é uma das mais conhecidas de toda a Bíblia, ele foi o mais famoso rei de Israel e, mais para frente, as Escrituras registram Jesus como "filho de Davi". Por essas e por outras razões, constatamos que a vida de Davi tem muito a nos ensinar sobre como viver de modo que agrade a Deus. Mesmo cometendo muitos erros, o Senhor nunca deixou de vê-lo como um homem "segundo o Seu coração". Isso nos mostra como o Pai sempre está muito mais preocupado com o intento de nossos corações do que com nossos acertos ou falhas. É claro que Ele anseia pelo nosso amadurecimento, mas Seu alvo é sempre o nosso coração.

Davi cultivou um coração que era radicalmente apaixonado por Deus, além de ser intencional em tudo que fazia. Vemos esse posicionamento durante toda sua trajetória de pastor a rei. E é isso que quero mostrar aqui, apresentando cada um desses cinco princípios, enquanto discorremos sobre alguns episódios da vida de Davi, registrados nos capítulos 16, 17 e 18 de 1 Samuel.

VALORIZE SEU TEMPO DE PREPARO
Seja intencional

Quando o profeta Samuel foi até a casa de Jessé para ungir o próximo rei de Israel, Davi não estava presente, pois estava fazendo seu trabalho, apascentando as ovelhas. Seu pai não o considerava "importante" o suficiente para chamá-lo quando o profeta chegou. Seus irmãos provavelmente nem perceberam sua ausência e ninguém realmente fazia questão de sua presença ali.

Davi era tido como o "menor", e é assim que seu pai se referiu a ele quando questionado por Samuel sobre ter algum outro filho. Davi tinha todos os motivos para se sentir rejeitado, desvalorizado, diminuído e mal-amado, mas acredito que ele não se via assim, porque sabia exatamente o que tinha que fazer naquele momento de sua vida.

Analisando o comportamento de Davi, podemos pressupor que ele tinha entendimento de que seu tempo pastoreando as ovelhas, em obediência e fidelidade ao seu pai, era um preparo, não somente um período de espera. Deus não quer que fiquemos sentados esperando a hora de sermos promovidos, se não isso nunca irá, de fato, acontecer. O Senhor quer que sejamos intencionais e responsáveis em nosso tempo de preparo, e que estejamos corretamente posicionados, para que Ele venha, então, somente nos alçar para o próximo nível.

Enquanto todos achavam que Davi era um mero "pastorzinho", ele estava sendo fiel no lugar onde Deus o tinha colocado. Ao lutar com ursos e leões, combatia suas respectivas batalhas para aquela temporada de sua vida. Mal sabia que as vitórias que estava colecionando no secreto serviriam de base para desenvolver sua fé em Deus e acreditar que Ele poderia fazê-lo vencer gigantes.

Se Davi não fosse intencional em seu tempo de preparo, ele não estaria apto para vencer Golias no tempo oportuno. O que fez o pastor cravar uma pedra certeira na testa do gigante foram anos de treinamento nos pastos, cuidando e protegendo as ovelhas.

Sendo assim, valorize e desenvolva-se onde está hoje, pois não é um tempo de espera, e sim de preparo.

ATRAIA O FAVOR DE DEUS
Isso garantirá seu destino

Como já vimos, o amor de Deus por nós nunca mudará, ele já é completo e perfeito. Entretanto, o favor de Deus sobre nossas vidas tem a ver com nosso destino e com a boa mordomia dos talentos e das promessas que Ele deposita em nossas mãos.

Quanto mais avançamos com as coisas do Reino, mais favor o Senhor deposita sobre nós para que as portas se abram. Davi já era favorecido por Deus desde seu tempo nos pastos. Naquela temporada, ele se manteve firme nos propósitos do Senhor e desenvolveu uma história com Ele. O pastor contemplava a Deus diariamente e percebia Suas maravilhas em tudo. Isso fez com que ele estivesse no lugar certo e na hora certa para que Samuel o conhecesse.

Ou seja, Davi não tentou ser nenhuma outra pessoa na frente do profeta, nem se rebelou contra seu pai por ter sido ignorado. Na verdade, ele se manteve obediente e fiel naquilo que era chamado para fazer, o que atraía ainda mais o favor de Deus. Davi foi escolhido pelo Senhor para ser o próximo rei de Israel exatamente porque Seu favor já repousava sobre ele, e vemos que isso só aumenta no decorrer de sua história.

No momento em que o Saul estava sendo atormentado e assombrado por um espírito maligno, Davi foi chamado para tocar harpa e trazer alívio ao rei por meio da música. É muito provável que as canções que o menino ministrou na presença de Saul tivessem sido geradas no seu tempo de intimidade com Deus. Logo, o que trouxe paz ao rei era fruto da vida de adoração de Davi. Em consequência, o rapaz encontrou favor e graça aos olhos do rei Saul, que depois o convidou para ser seu pajem de armas.

Após vencer Golias, Saul não deixou mais que ele voltasse para a casa de seu pai. A partir de então, Davi passou a servir à coroa, permanecendo leal ao trono. Por isso, o favor de Deus sobre o menino aumentava conforme ele era fiel e cumpria com o que o Senhor tinha para ele, e isso lhe garantiu seu destino.

ESTEJA SEMPRE PRONTO
Tenha um coração humilde

Quando Davi viu a afronta de Golias, encontrava-se pronto, pois já levava com ele seu cajado, seu alforje e sua funda, todos os aparatos que seriam necessários para vencer o gigante. Ele não precisou voltar para casa e se preparar para lutar, porque já tinha em mãos o que precisava. Além disso, possuía o que era mais importante, a certeza de que, assim como em sua luta contra o urso e o leão, o Senhor dos Exércitos estava com ele e à frente dele.

Porém, a única coisa que ele ainda não tinha aptidão para fazer era lutar contra um guerreiro. Mas Deus capacita aqueles que escolhe, de forma que sua destreza contra leões se tornou suficiente para vencer Golias. O Senhor tinha com o que trabalhar, pois Davi já havia feito seu "dever de casa". Sua humildade de se prontificar para qualquer que fosse a situação – fosse para levar comida para seus irmãos ou para lutar contra o guerreiro mais temível – foi o que o posicionou no lugar certo de dependência do Senhor, para que Ele vencesse aquela batalha.

Quando Deus nos chama para algo, Ele não exige que já saibamos tudo e que tenhamos todos os nossos dons desenvolvidos. Porém, somente espera que ofereçamos algo com o que Ele possa trabalhar. O Senhor precisa que estejamos o mais preparados possível a todo momento, porque nunca saberemos exatamente quando Ele nos lançará aceleradamente para nossos destinos. Mas, seja lá quando a oportunidade vier, o mais importante é termos um coração humilde e ensinável, para nos desenvolvermos e estarmos dispostos a dizer "sim".

Davi manteve seu coração humilde e pronto para qualquer obstáculo que encontrasse à sua frente. Assim o fez quando foi esquecido por sua família na visita do profeta Samuel; quando foi colocado como um "espanta demônio" do rei; quando foi zombado por seu irmão no campo de batalha; e quando venceu um gigante com uma pedra e uma funda. Ele não se preocupava com o que poderiam pensar ou achar dele, mas encontrava-se humilde e disposto a lutar qualquer batalha – fosse ela de ego ou de guerra.

Portanto, em seu tempo de preparo com as ovelhas, Davi aprendeu a apascentar, cuidar, liderar, resgatar e proteger. Tudo isso foi usado quando ele se tornou um líder, e mais tarde, quando começou a viver a promessa de ser o rei de Israel.

PERMANEÇA CONECTADO COM SEU DESTINO
Seja tomado pelas promessas de Deus sobre sua vida

Sabemos que é preciso amar mais o Deus da promessa do que a promessa em si. Porém, zelar e trabalhar para que ela se cumpra mostra entrega, boa mordomia e senso de propriedade por aquilo que Ele deseja fazer através de nós. Então, ao mesmo tempo que não devemos desejar mais a palavra do que o Aquele que a concedeu, precisamos ser tomados pela dedicação de cumpri-la em nossas vidas.

Logo, alcançar o alvo que Deus tem para nós é importante para que Seu plano seja realizado e mais pessoas sejam atingidas. Por isso, precisamos estar continuamente conectados com nosso destino para sempre termos a visão de para onde estamos indo.

Davi "passou perto" de seu destino quando Saul tentou vesti-lo com sua armadura de rei, mas ainda não era a hora de ele usá-la, já que a vestimenta ficou grande demais para o menino. Esse episódio nos ensina que aquilo era um sinal de Deus de que Davi não precisava de armas humanas, nem dos talentos de outra pessoa para vencer uma batalha que era do Senhor.

Além disso, esse momento da história de Davi nos mostra que ele deveria se manter focado no seu destino, inclusive para entender o tempo certo de vivê-lo. Aquela armadura um dia seria dele. Davi seria coroado como rei e deveria crescer no cumprimento da promessa, assim como crescer fisicamente para caber dentro de uma armadura de rei.

Davi poderia tentar acelerar o destino do Senhor para sua vida desde o momento em que Samuel o ungiu como rei. Afinal, a unção já estava sobre ele e o Espírito de Deus já havia se apoderado de Davi, como a Bíblia mesmo fala. Ele foi colocado como pajem de armas, mas se manteve servindo ao rei. Era mais estimado do que qualquer outro servo de Saul nas batalhas, mas ainda assim permaneceu em serviço à realeza. Ele poderia ter tentado se encaixar de uma vez na armadura de Saul, mas escolheu permanecer no seu lugar e continuar conectado ao seu destino, enquanto amadurecia, crescia e adquiria a estima de todo o povo. Essa constante conexão e apreço pelas promessas de Deus o mantiveram atento às suas temporadas e seu desenvolvimento para o reinado.

MANTENHA SEU TESTEMUNHO VIVO
Lembre-se sempre de onde Ele te tirou

Alguns anos atrás, um grande homem de Deus me falou o seguinte: "Nunca deixe de contar seu testemunho, nem perca o brilho nos olhos ao falar da sua salvação. Sempre se lembre de onde Deus a tirou e tudo o que Ele fez em você".

Aquelas palavras ficaram no meu coração e, até hoje, vejo esse homem contando semanalmente sobre o que o Senhor fez em sua vida. Eu creio que o testemunho de Cristo em nossa vida carrega o espírito da profecia, como está escrito em Apocalipse 19.10. Isso quer dizer que, quando compartilhamos nosso testemunho, o espírito profético é liberado para que o que Jesus fez por nós no passado aconteça de novo, e para que a salvação se manifeste mais uma vez em quem ouve. Por isso, devemos sempre manter viva a memória de onde o Senhor nos encontrou e de tudo o que fez por nós.

Eu acho incrível que a passagem mais conhecida em todo o mundo seja o capítulo 23 do livro de Salmos, cujo autor é o próprio Davi. Perceba que esse salmo descreve Deus como o nosso Pastor, exatamente o que o menino era quando o Senhor o escolheu para governar a nação de Israel. Davi sempre se lembrava d'Ele da forma como O conheceu, no pastoreio das ovelhas, nos pastos verdejantes, nos vales escuros e sombrios pelos quais precisava passar. Assim como tinha de fazer com suas ovelhas, sabia que o Senhor cuidava dele. Elas nunca tinham falta de nada quando ele estava perto e, da mesma maneira, Davi nunca teria uma necessidade não suprida, já que Seu Pastor estaria sempre com ele, protegendo-o, alimentando-o e consolando-o.

Davi tinha fresco em sua memória de onde viera e o que estava fazendo quando o Senhor o escolheu. Ele sabia de sua identidade e isso bastava – não era o que tinha realizado ou não que o qualificavam para seu chamado, mas quem ele era em Deus.

O mais forte desse paralelo, para mim, é que Davi olhava para Deus da mesma maneira como aprendera a enxergá-lO desde o início. O rei mantinha em sua memória seu testemunho, e isso o fazia reconhecer o Bom Pastor que o encontrou, escolheu, protegeu, posicionou e, o mais importante, o amou.

COMISSIONAMENTO PARA O "IDE"

Conforme temos visto ao longo de todo este livro, concluímos fortemente que o Senhor não nos chama para simplesmente vivermos uma vida confortável e agradável, que não incomode a ninguém. Ele nos convoca para irmos além de tudo que uma vez imaginamos. Quando sonhamos com Deus, não existem limites para o que podemos fazer.

Você já parou para pensar em tudo que poderia viver se simplesmente cresse? Eu sempre me pego refletindo sobre isso: "Quanto mais não poderia estar vivendo se, de fato, acreditasse em tudo que leio e ouço de Deus?".

Quando falo "de fato, acreditar", refiro-me a crermos com todo nosso coração e todo nosso ser, e sermos consumidos por essa convicção. Assim, tenho certeza de que viveríamos as coisas loucas demais para este mundo e inconcebíveis para nossa mente humana.

Sabe, o que o Senhor tem para nós não pode, nem deve caber em nossas mentes humanas, porque Ele é um Deus eterno, que, do mesmo modo, nos marcou com a eternidade. Dentro de cada pessoa existe um anseio por isso, exatamente porque Deus colocou em nós um "buraco" que somente Ele pode preencher.

> Tudo fez Deus formoso no seu devido tempo; também pôs a eternidade no coração do homem, sem que este possa descobrir as obras que Deus fez desde o princípio até ao fim. (Eclesiastes 3.11)

É por isso que todos nós – desde sempre – tivemos um anseio pela eternidade e buscamos respostas para nossos questionamentos, além de procurarmos por outras coisas para preencher esse vazio. Mas ninguém nem nada que este mundo possa nos oferecer será capaz de suprir nossa carência pelo eterno, a não ser o próprio Deus.

O interessante é que isso trabalha completamente a nosso favor quando vamos compartilhar de Deus com alguém que não O conhece, uma vez que compreendemos que esse anseio está em toda a Sua criação. Sendo assim, a melhor forma de evangelismo é demonstrar a eternidade e permitir que as pessoas tenham um encontro com ela. Mas por quê? Exatamente pelo fato de sermos indivíduos eternos que necessitam ser reavivados pelo nosso Deus eterno. Uma vez que você toca a eternidade, nada mais irá te satisfazer. Basta um vislumbre dela para que nada mais neste mundo chegue nem perto do que isso causa em nós.

Afinal, a criação aguarda ansiosamente a manifestação dos filhos e filhas de Deus. Contudo, eu venho te dizer que ela não aguarda nossas pregações, nosso julgamento ou nossa perfeição, mas a nossa manifestação, a revelação da nossa natureza sobrenatural.

Nós somos a Igreja, do grego *ekklesia*, os chamados para fora. Por isso, devemos ser sal e luz no mundo. Precisamos salgar as pessoas o suficiente para que elas tenham sede da Água Viva e desejem encontrá-lA. Somos aqueles que vão manifestar Jesus às pessoas para que elas possam conhecê-lO. O Senhor escolheu Se manifestar na Terra através de homens e mulheres que estivessem dispostos a viver integralmente para Sua causa. Ou seja, Ele conta conosco. Jesus é o único caminho para o Pai, mas talvez você seja o único caminho de alguém para Jesus.

No começo do meu período na faculdade, eu não estava caminhando com o Senhor e as pessoas claramente percebiam isso, já que vivia como qualquer pessoa que não conhecia a Deus. Quando Ele me encontrou e transformou radicalmente a minha vida, era ainda mais evidente que algo havia acontecido. Tomei para mim a responsabilidade de levar meus amigos a Jesus, porque um pensamento constantemente vinha à minha cabeça: "E se eu for a única pessoa na vida deles que poderá apresentá-los a Deus? Se eu não manifestá-lO a eles, existe a possibilidade de ninguém mais fazer isso?". Essa perspectiva trouxe para mim um compromisso tremendo de mostrar o Caminho para eles.

Comecei, então, a orar por todos, fazer estudos bíblicos com amigos que tinham curiosidade a respeito da Palavra, liberar palavras de conhecimento enquanto estávamos nos bares, entregar palavras proféticas enquanto estávamos em festas e orar por cura durante nossas conversas. Eu simplesmente agia diferente de todas as pessoas, o que fazia com que minhas atitudes se destacassem e gerassem curiosidade. Eu tinha consciência de que não podia guardar para mim a vida que Deus tinha me dado. Eu precisava compartilhar isso. Alguns amigos aceitaram Jesus através do meu testemunho, outros não. Mas tenho certeza de que a semente foi plantada em cada um deles.

Assim, seis anos depois que eu saí da faculdade, comecei a receber notícias de que meus amigos daquela época estavam entregando suas vidas para o Senhor.

Tudo o que plantamos de bom nas pessoas faz parte do plano de Deus para transformar suas vidas, até porque a Palavra d'Ele **nunca** volta vazia (Isaías 55.11).

> Mas vós sois a geração eleita, o sacerdócio real, a nação santa, o povo adquirido, para que anuncieis as virtudes daquele que vos chamou das trevas para a sua maravilhosa luz. (1 Pedro 2.9 – ARC)

É tão lindo ver que Deus usa tudo para que Seus filhos se voltem a Ele. O Senhor poderia até fazer as pedras clamarem, mas Ele anseia por usar a mim e a você! Nós somos o "plano A" de Deus para transformar vidas e o mundo. Há um convite hoje, como nunca antes, para que realmente abracemos o "ide" de Deus. Mas será que a nossa geração vai assumir a esse chamado?

> Rogai, pois, ao Senhor da seara que mande ceifeiros para a sua seara. (Mateus 9.38)

Na versão original desse texto, a palavra utilizada para descrever o envio de ceifeiros é o termo grego *ekballo*, que significa "empurrar ou lançar violentamente para fora". Ou seja, isso nos mostra que o Senhor está com pressa para que clamemos a Ele que lance aqueles que irão levar o evangelho e impactar vidas. E quem serão essas pessoas? Eu, você e todos que desejam fazer parte da maior colheita de almas da história!

O desejo de Deus é nos enviar para a grande colheita, que já está pronta. Ele só precisa do nosso "sim" para nos *ekballo* para nossos destinos que levarão vida eterna a tantas outras pessoas.

E o que isso vai nos custar? Tudo! Nós daremos **tudo**! Viveremos de forma digna do Senhor, uma vida que acelera a volta de Jesus e que proclama Seu Nome. Quantos outros sinais Ele terá de nos dar? Quantas palavras proféticas serão necessárias? É chegada a hora. *Ekballo*!

É essencial termos a revelação de que a nossa salvação não para em nós, mas vem para mostrar o caminho para muitos. Nossa mentalidade sobre a eternidade é o que nos move a viver de forma sobrenatural todos os dias, ansiando pela eternidade, com um coração que clama para que nenhum se perca, mas que todos sejam salvos.

Como podemos manter nosso foco naquilo que é eterno? Olhando para Aquele que é eterno todos os nossos dias. Não podemos mais permitir que as aflições temporárias nos tirem a atenção da única coisa que importa. Deus nos chamou para mais, Ele nos chamou para Si, para sempre.

Portanto, temos em nós a resposta pela qual o mundo anseia. Será que vamos manifestá-la? Hoje e agora é o seu momento. É a ocasião que pode mudar a sua vida inteira, a hora que você pode responder a Deus entregando seu tudo a Ele. É o tempo de tomarmos o bastão que a geração passada colocou em nossas mãos e corrermos a carreira que nos está proposta como nunca antes, com todas as nossas forças e toda a garra que há em nós. É hora de não olharmos mais para trás, mas seguirmos em frente, focando no prêmio da nossa soberana vocação em Cristo Jesus, com a visão fixa no que está adiante e em nossa vida eterna! É hora de irmos, de corrermos, de voarmos nas asas do nosso Deus. É o momento de escolhermos viver no centro da Sua perfeita vontade e de abraçarmos tudo o que Ele tem para nós, porque nada mais importa!

Este livro foi produzido em Adobe Garamond Pro 12 e
impresso pela Gráfica Promove sobre papel Pólen Natural 70g
para a Editora Quatro Ventos em novembro 2024.